Irmgard Palladino
Mein Rom

Droemer

Die Folie des Schutzumschlags sowie die Einschweißfolie
sind PE-Folien und biologisch abbaubar.
Dieses Buch wurde auf chlor- und säurefreiem Papier gedruckt.

Einbandgestaltung: Agentur ZERO, München
Abbildung: Bilderberg, Hamburg
Satz: Ventura Publisher im Verlag
Druck und Bindung: Clausen & Bosse, Leck
Printed in Germany
ISBN 3-426-27053-6

2 4 5 3 1

Inhalt

Noch ein Buch über Rom. Das wievielte?
Egal, denn alle schon geschriebenen Rom-Bücher haben noch nie jemanden davon abgehalten, sein eigenes Rom zu entdecken.

Pilger, Künstler und Gelehrte ließen sich von dieser Stadt inspirieren. Goethe, zur Abwechslung mal in der Rolle des Aussteigers, die Dichterin Ingeborg Bachmann, der Anarchist Rolf Dieter Brinkmann – sie alle versuchten sich, jeder auf seine Weise, an einer Beschreibung der *Città Eterna*.

Die Aufzeichnungen der »Römer auf Zeit« umfassen vom Tagebuch bis zum mehrbändigen Geschichts-Opus alle literarischen Gattungen. In der Bibliotheca Hertziana in der Via Gregoriana, dem deutschen Max-Planck-Institut für Kunstgeschichte, werden sie gesammelt, denn Reisebeschreibungen und Romführer sind eine unerschöpfliche Quelle zur Geschichte der Stadt und ihrer Bauwerke.

Mein Rom: Das ist die Spanische Treppe im Morgengrauen und das Kapitol um Mitternacht. Der Duft der Pinien im Park der Villa Borghese. Das Rauschen des Trevi-Brunnens, Klatschmohn zwischen den Ruinen am Trajans-Forum. Das ist die Einsamkeit in den Gewölben unter San Clemente und das Markttreiben auf dem Campo de' Fiori. Das ist Giordano Bruno. Und

Berninis Elefant. Der Kuppelhimmel des Pantheons im Regen. Der Quirinals-Platz in gleißender Mittagsglut.

Mein Rom: Das ist auch ein Morgen im August 1989, der mit einem lauten Krachen begann.

Als ich die Augen aufschlage, blicke ich in den römischen Himmel, dort, wo am Abend zuvor noch die Zimmerdecke war.

Eine dichte Staubwolke hängt im Raum, hier und da rieselt es leise nach.

Erst später, auf einer Parkbank am Trajans-Markt, bündelt sich das Geschehen zum klaren Gedanken: Mir ist die Decke auf den Kopf gefallen. Im wahrsten Sinne des Wortes.

Unter Schutt begraben Bücher, Bilder, Schallplatten – alles. Die Wohnung verwüstet, unbenutzbar.

Im ersten Morgenlicht türmt sich die römische Antike. Ein Haufen Trümmer. Wie meine Wohnung.

Frühstücken wäre jetzt das richtige.

»Ich habe kein Geld dabei«, erkläre ich Mario in der Bar an der Ecke und ergänze auf seinen fragenden Blick: »Mir ist die Decke auf den Kopf gefallen.«

»Ma va!« sagt er, schäumt die Milch auf, gießt den Schaum über den Kaffee, rückt die Zuckerschale heran.

Mehr sagt er nicht.

Was soll man dazu auch sagen.

»Pazienza«, tröstet sich der Römer, wenn ihm der Alltag zuviel wird. Wörtlich übersetzt heißt das: Geduld. Gemeint ist eine Mischung aus Ergebenheit und Gleichgültigkeit.

An jenem Morgen im August bedurfte es einer gehörigen Portion *pazienza*. Wo die nächste Nacht schlafen, wo die nächsten Wochen wohnen? In jeder anderen Stadt eine Situation zum Verzweifeln. Nicht in dieser.

Rom hat magische Kräfte. Nie zuvor spürte ich das so wie an jenem Morgen. Das Glücksgefühl, hier zu leben, war stärker als die Katastrophe.

Roms Liebhaber waren schon immer bereit, die Schwächen der Geliebten mit *pazienza* hinzunehmen. Smog, Lärm, der chaotische Verkehr, die aufgeblähte Bürokratie, überhöhte Preise – man könnte der Ewigen Stadt eine ganze Menge vorwerfen. Man kann es aber auch lassen.

Rom versammelt mehr Kunst in seinen Mauern als irgendeine Stadt der Welt. Gleichwohl ist Rom kein Museum, jedenfalls nicht für die Römer. Sie leben seit vielen Jahrhunderten mit den Kunstwerken der Vergangenheit, heiraten auf dem Kapitol, spielen Fußball im Circus maximus, lassen ihren Hund gegen das Pantheon pinkeln. Sie benutzen die Via Veneto als Parkplatz und die Spanische Treppe als Abkürzung ins Büro.

Wenn aber das Kultusministerium einmal im Jahr freien Eintritt zu den Museen und Ausgrabungsstätten gewährt, stehen sie – wie sonst nur die Touristen – Schlange, um die Fresken im Hause des Augustus zu sehen.

Sie wissen, daß sie nicht in irgendeiner, sondern in *der* Stadt leben. Und für manchen ist Rom bis heute der Nabel der Welt.

I.
Römische Brunnen

»Und fallend gießt er voll der Marmorschale Rund«

Ein Gedicht im Ohr, den römischen Brunnen gleichsam schon vor Augen, bin ich nach Rom gekommen. Das Wortgemälde wollte ich neben die Wirklichkeit halten, nicht, um es etwa einer Ungenauigkeit zu überführen, sondern um das eine in dem anderen wiederzufinden.

»Aufsteigt der Strahl« – ein Strahl so mächtig, daß – wäre er Ton, nicht Wasser – man ihn bis zum Tiber vernähme. Der Brunnen des Tritonen am Beginn der Via Vittorio Veneto. Auf einer Muschel sitzt er, auf einer Muschel bläst er. Ein Muschelhorn, das nicht zum Wassertrinken, sondern zum Wasserspenden dient und dabei Instrument, eine Posaune, zu sein scheint, die statt Tönen Wasser spielt. Das ist, so meint man, ein typisch Berninischer Einfall. Doch hatte Gian Lorenzo diesmal einen Ideenbereiter. Gut dreißig Jahre vor ihm schuf ein Künstler – wahrscheinlich der Niederländer Jan van Santen – für die Fontana dell' Aquilone in den Vatikanischen Gärten einen ebensolchen Muschelbläser, der zu Unrecht oft für eine Kopie des Berninischen gehalten wird.

Diese Geschöpfe sind von einer ganz eigenen Körperlichkeit. Zur Anatomie eines zünftigen Tritonen gehören Ohren, wie Satyrn sie haben, dazu zwei pferdeartige Vorderfüße wie bei Zentauren (in diesem Punkt war Gian Lorenzo offenbar anderer Meinung) sowie ein breiter, kräftiger Fischschwanz. Und niemand sage, es handele sich nur um Fabelwesen. Sie sind, beteuert Plinius der Ältere im 9. Buch seiner Naturkunde, sowenig erfunden wie die Gestalten der Nereiden. Kaiser Tiberius hat sogar eigens eine Gesandtschaft ausgeschickt, um ihre Existenz zu beweisen; tatsächlich sollen damals, wie unser Gewährsmann versichert, die Kundschafter in einer Höhle einen Tritonen entdeckt und ihn auf einer Muschel blasen gehört haben.

Der Triton der Piazza Barberini gilt vielen Rombesuchern als das Symbol der Stadt schlechthin, Ottorino Respighi wählte ihn sogar zum Thema seiner Komposition *Fontane di Roma*. Dabei ist er nur einer von unzähligen Brunnen, deren jeder für sich beiträgt zum Mythos der Ewigen Stadt.

Gibt es einen größeren Gegensatz als das fließende Element und den dauernden festen Stein? Die Zusammenfügung beider, ihre glücklich Vermählung ist es, was den Reiz eines Brunnens ausmacht. Wasser und Marmor sind sich von Natur aus nicht unbedingt gut. Das Feste wird durch das Fließende ausgehöhlt, abgeschliffen, ja mit der Zeit gänzlich weggewaschen. Im Vergleich zu den Erosionsschäden, die die Brunnen Roms durch die Abgase erleiden, ist diese in der Natur der Sache liegende Abnutzung freilich nicht weiter der Rede wert.

Fast unauffindbar in dem Meer von Autos, das den

Corso Vittorio Emanuele II. beinahe durchgehend überschwemmt, steht die Fontana della Terrina, die in den Jahren um 1590 ursprünglich für den Campo de' Fiori geschaffen worden war. Ende des letzten Jahrhunderts mußte sie ebenda Giordano Bruno die Position überlassen. Der Dominikanermönch besaß schließlich ein angestammtes Recht auf den Platz. Hier war er im Jahr 1600, zum Auftakt eines heiligen Jahres, als Ketzer verbrannt worden: einer der spektakulärsten Justizmorde der römischen Geschichte. Ob die Wasser des Brunnens schon flossen, als nebenan der Scheiterhaufen loderte?

Die Fontana della Terrina, und das macht sie als Wasseranlage so außergewöhnlich, ist einer der wenigen nicht offenen Brunnen Roms. Vom Wasser sieht man nahezu nichts. Der Travertin-Deckel, der sie zur Terrine formt, ist ein Accessoire des 17. Jahrhunderts und war von ihrem Erbauer nicht vorgesehen.

Dieser hat das Problem des geringen Wasserdrucks der Vergine-Leitung gelöst, indem er den Brunnen tiefer als das umgebende Pflasterniveau legte, eine Idee, die später Pietro Bernini beim Bau der Barcaccia, die ebenfalls von der druckarmen Acqua Vergine gespeist wird, übernahm.

Warum die Stadtväter im Jahr 1924 auf dem Campo de' Fiori eine Kopie der Terrine installieren ließen, anstatt sich des Originals vom Corso Vittorio Emanuele II. zu bedienen, gehört zu den Geheimnissen römischer Bürokratie. Doch auch wenn es sich nur um eine mittelmäßige Reproduktion handelt, macht sich die überdimensionale Suppenschüssel dennoch

ausgezeichnet zwischen den farbenfrohen Gemüsebergen des allmorgendlichen Marktes.
In der Antike wurde Rom durch elf Fernwasserleitungen bewässert. Die längste war mit über einundneunzig Kilometern die Acqua Marcia, welche ausgezeichnetes Trinkwasser aus den Quellen des Aniene-Tals bei Marano lieferte.
Das waren noch Zeiten, als die Stadt neben fünfzehn Nymphäen und fünf Naumachien auch elf große Thermen-Anlagen besaß, von den achthundertfünfzig kleinen Bädern ganz zu schweigen. Allein die Diokletians-Thermen faßten an die dreitausend Badende gleichzeitig und die Caracalla-Thermen immerhin noch eintausendsechshundert. Aus letzteren stammen die beiden kolossalen Badewannen aus Granit, die heute als Zwillingsbrunnen die Piazza Farnese zieren.
Den Bau der ersten Aquädukte hatte der Staat bezahlt, denn in republikanischer Zeit galt der Grundsatz, daß alles Wasser der öffentlichen Versorgung der Bevölkerung dienen sollte. Und zwar kostenfrei. Mit Beginn der Kaiserzeit kam es dann zu einer Ausbreitung der privaten Wassernutzung, die schließlich eine Neuregelung der Verteilung notwendig machte.
Über allen Wasserangelegenheiten der Stadt waltete der »curator aquarum«. Der Bekannteste, der dieses Amt innehatte, war Sextus Iulius Frontinus, dessen Ende des 1. Jahrhunderts verfaßtes Werk *De Aquaeductu Urbis Romae* uns alle Einzelheiten zur Wasserwirtschaft des antiken Rom überliefern sollte.
Eine Million Einwohner täglich mit Trinkwasser zu

versorgen erforderte bei den begrenzten technologischen Mitteln der damaligen Zeit ein Höchstmaß an planerischen und konstruktiven Fähigkeiten. Die römischen Ingenieure lösten ihre Aufgabe mit beispielloser Professionalität, ganz im Sinne von Frontinus, der gefordert hatte, »daß die öffentlichen Brunnen ohne Unterbrechung bei Tag und Nacht ihr Wasser zum Nutzen des Volkes fließen lassen«.

Nur einflußreiche Bürger konnten sich einen eigenen Hausanschluß legen lassen, die ärmere Bevölkerung war ausschließlich auf die öffentliche Versorgung angewiesen. Insgesamt rund eintausenddreihundertfünfzig Fontänen spendeten dem *popolo* das kostbare Naß. Zur Zeit des Kaisers Trajan lag die Kapazität bei zirka tausend Litern Wasser pro Einwohner am Tag.

Die Goten trockneten die Stadt im 6. Jahrhundert dann buchstäblich aus, indem sie die Aquädukte zerstörten und so die Wasserversorgung lahmlegten. Erst mit Beginn der Renaissance fand das Wasser seinen Weg zurück nach Rom. Im Jahr 1429 entdeckte der päpstliche Sekretär Poggio Bracciolini das verlorengegangene Manuskript des Frontinus. 1453 wurde die alte »aqua Virgo«, nun unter dem Namen Acqua Vergine, wieder eingerichtet. Später folgten die Acqua Felice (1588), die Acqua Paola (1612) und die Acqua Pia antica Marcia (1870). Heute speisen fünf Quellen sowie ein See insgesamt sieben Aquädukte. Wieder ist Rom eine der wasserreichsten Städte der Welt.

»Und fallend gießt er voll der Marmorschale Rund« – ein Brunnen, der aus nicht mehr als einer Granitschale besteht, erhebt sich vor der Villa Medici auf dem Pin-

cio-Hügel. Sein Strahl entspringt einer Kanonenkugel, die Christine von Schweden aus der Engelsburg gegen das Tor der Villa abgeschossen haben soll – eine Legende, über deren Ursprung sich die Chronisten bis heute nicht einig werden.
Wenn der Strahl einmal ausruht, wird die Schale zum Spiegel. Alles, was sich ihr zeigt, Abendsonne, Blättergrün oder Himmelblau, nimmt sie auf, um es im Wasser abzumalen.
Brunnen können auf verschiedene Weise wirken. Bei dem einen ist es die plastische Dekoration, bei dem anderen die Benutzung des Wassers, seine Zerlegung in alle möglichen Formen und Bewegungen. Wasserarchitektonisch auf Überwältigung berechnet ist der Trevi-Brunnen. Es erübrigt sich, ihn zu beschreiben; auch wer ihn nie gesehen hat, weiß von ihm oder kennt zumindest seinen Namen. Womöglich ist er der berühmteste Brunnen der Welt. Aber ist er auch der schönste?
Auf jeden Fall einer der geräuschvollsten. Das wiederum hängt mit der Größe des Platzes zusammen. Eingelassen in die Wand des Palazzo dei Duchi di Poli, liegt er an einer Piazza, deren Winzigkeit das Geräusch seines Fließens zum Meeresrauschen steigert. Ein klug ausgedachter Effekt.
Nicolò Salvi hat dieses Bühnenbild in Szene gesetzt. Der Architekt war von Papst Clemens XII. beauftragt worden, den gut neunzig Jahre zuvor von Bernini begonnenen Brunnenbau, der die Mündung der Acqua Vergine ziert, zu einem imposanten Ende zu bringen. Das Wasser platzt zu Füßen von Okeanos aus dem

Felsen hervor und flutet in eine Wandschale, *»die, sich verschleiernd, überfließt in einer zweiten Schale Grund«*. Gleich einem feinen, transparenten Gewebe gleitet es unter den wohlwollenden Blicken der Damen *Abbondanza* (Überfluß) und *Salubrita* (Heilkraft) vorbei an geflügelten Pferden sowie einem muschelblasenden Tritonen, Stufe um Stufe hinab in das Bodenbassin. Setzt man sich an den Rand und guckt über die bewegte Fläche, mit den Handflächen die Augen abschirmend, wird aus dem Becken ein See.

Montag, 10.38 Uhr – der Brunnen ist abgelassen. Zwei Männer sind damit beschäftigt, ihn von der typischen Trevi-Verschmutzung zu reinigen: in der Hauptsache Sektkorken und Cento-Lire-Stücke. Der ältere von beiden sprengt mit einem Schlauch den Grund ab, sein Kollege kehrt mit dem Reisigbesen hinterher. Die blitzenden Münzen spritzen unter dem Druck klingend in die Höhe. Das Bassin ist noch nicht leer gefegt, da fliegen schon neue Geldstücke. Eine Touristengruppe, unbekümmert ob des fehlenden Wassers, tut dem Brauch Genüge und entrichtet ihren Obolus, wie es vorgeschrieben ist: über die Schulter, und nicht hinterhersehen! Das verspricht Rückkehr in die Ewige Stadt.

In einer Ecke schöpft Alberto unterdessen mit einem Kehrblech das Silber in einen Eimer. Halbvoll immerhin. Ob das die Ausbeute des Winters sei? »Macché!« erklärt er, »das ist ein Brunnenwochenlohn.« Um Punkt elf Uhr haben die beiden ihr Werk vollbracht – die Wasser können wieder fließen.

Bis vor einigen Jahren wurde die Fontana di Trevi auf

diese Weise per Hand gesäubert, heute benutzt die Putzkolonne einen elektrischen Münzsauger. Über zweihunderttausend Mark sollen letztes Jahr aus dem Becken gefiltert worden sein – der Beitrag romsüchtiger Touristen geht als Spende an das Italienische Rote Kreuz.

»Wasser: eine Wasserstoff-Sauerstoff-Verbindung der chemischen Zusammensetzung H_2O, eine farblose, in dicker Schicht bläulich schimmernde Flüssigkeit«, so belehrt trocken das Lexikon. Stimmt das? Ich meine, das mit der Farblosigkeit des Wassers. Bisweilen schillert es doch blau, bisweilen dunkelgrau, je nachdem, was für ein Grund darunter, was für ein Himmel darüber steht. Im Becken des Barkenbrunnens auf der Piazza di Spagna meint man gar ein Stück Mittelmeer wiederzufinden: azurfarben.

Barke ist eine sehr geschmeichelte Übersetzung des Wortes *barcaccia*, das einen abgetakelten Kahn bezeichnet. Der Brunnen am Fuße der Spanischen Treppe, eine Schöpfung von Pietro Bernini, Vater des großen Gian Lorenzo, gibt vielfach Anlaß zu symbolischer Deutung.

Der Barberini-Papst Urban VIII. hat ihn in Auftrag gegeben, und dem lag, wie man weiß, viel an der Zurschaustellung seiner Macht. Er verwandte gewaltige Summen für die militärische Aufrüstung des Kirchenstaates und profilierte sich insbesondere durch seine unerbittliche Bekämpfung von Glaubensgegnern in der Geschichte.

Sieht man in dem Brunnenschiff ein Sinnbild für Kirche und Papsttum, erscheint es konsequent, daß das

Wasser aus Kanonen fließt. 1629 wurde die *fontana* fertiggestellt, ein Jahr zuvor hatte die katholische Kirche den endgültigen Sieg über die französischen Protestanten errungen. Die Barke wäre demnach alles andere als ein harmlos-reizendes Phantasiewerk. Ein zeitgenössisches Reisejournal erhärtet diese Vermutung. Der Barberini-Papst, heißt es da, habe den Brunnen zur Erinnerung an die Einnahme der französischen Stadt La Rochelle, mit der das Schicksal der Hugenotten definitiv besiegelt worden war, errichten lassen.

Wenn, wie man zu sagen pflegt, das Wasser das Auge der Landschaft ist, so sind die Brunnen der Mund Roms. Ein Mund, der, so vielgestaltig er ist, immer die gleiche Sprache spricht. Doch jeder tönt anders, jeder hat seinen eigenen Gesang. Wer sich einhören will, sollte seine Brunnenwanderung nachts unternehmen, wenn das Rauschen des Verkehrs verebbt ist. Man muß im übrigen keine Sorge haben, daß die Fontänen aus Sparsamkeitsgründen abgestellt werden – Roms Brunnen springen immer.

Stadtbekannt ist die Anekdote über Christines von Schweden Besuch des Petersplatzes, der als exemplarisch für das Verhältnis zwischen römischen Brunnen und ihren Bewunderern gelten kann. Die zum Katholizismus konvertierte Exkönigin konnte sich nicht satt sehen an dem überschäumenden Schauspiel der beiden Kaskaden, dankte dann aber nach einer Weile, es sei der Ehre nun genug getan, und man dürfe die Brunnen wieder abdrehen. Es war ihr einfach unvorstellbar, daß diese Pracht immer strömte,

Tag und Nacht, ohne Ansehung von Menschen und Zeiten.

Rechter Hand, unter den Fenstern des Papstes, strahlt der ältere der beiden, errichtet im Jahr 1613 durch Carlo Maderno, der sich dabei eines schon vorhandenen Brunnens bediente. Der andere wurde 1677 durch Carlo Fontana aus Gründen der Symmetrie hinzugefügt.

Die Becken, die dem Urbild des römischen Brunnens, wie es der Dichter Conrad Ferdinand Meyer vor Augen gehabt haben muß, am nächsten kommen, schleudern ihr Wasser mit großem Druck gen Himmel, der Silberstrahl bricht, fällt, zerschellt in Abertausende von Perlen in eine Schale, die den Schatz gleich an die nächste weiterschenkt: *»die zweite gibt, sie wird zu reich, der dritten wallend ihre Flut«.* Ein Windhauch hebt den Schleier auf und trägt ihn fort über den Platz – durchsichtig und doch sichtbar.

Zum Wasser eines Brunnens gehört die Klarheit. Das ist keine Frage der Hygiene, sondern der Ästhetik. Hell muß es sein, wenn es den Eindruck von Leben erwecken soll. Weniger auf das Fließende, Strömende kommt es an als auf die Transparenz des Elements.

Acqua non potabile (Kein Trinkwasser) – dieses Schild liest man selten in Rom. Das Wasser der unzähligen Straßenbrunnen ist nicht nur trinkbar, es wird von vielen Bürgern sogar dem hauseigenen Leitungswasser vorgezogen. Einer der tüchtigsten Spender versteckt sich in der Via Lata gleich um die Ecke der Via del Corso, wo er ursprünglich angebracht war.

»Poeten sagen viel von ihrem Brunnengewässer, das

Wasser ist der Wein, der Brunnen sind die Fässer.« Beim Facchino ist es umgekehrt: Sein Faß ist ein Brunnen, und der Wein ist Wasser. Der alte Mann, dessen Gesicht vom Zahn der Zeit, der mit zunehmendem Autoverkehr bekanntlich schärfer wird, völlig entstellt wurde, drückt ein kleines Fäßchen an seine Brust, gerade, als wolle er ihm den letzten Tropfen abpressen. Die einen nennen ihn Lastenträger und behaupten, daß Michelangelo sein Schöpfer war, andere wollen in ihm ein Portrait Martin Luthers erkennen. Das eine ist so falsch wie das andere.

Der Facchino wurde wahrscheinlich in den Jahren um 1587 nach einer Zeichnung des Jacopino del Conte gemeißelt, Besitzer des Eckhauses zur Via del Corso. Umstritten ist auch, ob es sich tatsächlich um die Nachbildung eines Lastenträgers handelt (der würde nämlich das Faß auf den Schultern tragen) und nicht vielmehr um einen *acquarolo*, einen jener zahllosen Wasserverkäufer, die das Rom des Mittelalters mit dem lebensnotwendigen Naß versorgten.

Im Sommer stehen die Römer hier mitunter Schlange, um sich den köstlichen Tropfen in Flaschen abzufüllen. Er sei der beste der Stadt, versichert eine *signora*, während sie gut ein Dutzend Plastikflaschen volllaufen läßt. Wie sie denn die Flut nach Hause tragen wolle? »Eccola!« meint sie und weist auf ein Miniaturauto, den typischen Fiat Cinquecento: »Da ist viel Platz.«

Rom bietet Brunnen für jede Stimmung und jeden Geschmack. Der Pathetiker kommt wohl am ehesten an der Schauwand der Acqua Paola auf seine Kosten;

Manieristen unter Umständen bei der Fontana dell' Anfora auf dem Pincio-Hügel. Für Ästheten gibt es den Schildkrötenbrunnen, für Wasser- und Wissensdurstige eine Bücherquelle am Palazzo della Sapienza, der ehemaligen römischen Universität, in der Via degli Staderari. Und wer es überlebensgroß liebt, findet auf der Piazza della Repubblica ein entsprechendes Objekt.

Die Passanten gehen achtlos vorüber, den Autofahrern ist die Fontana delle Naiadi nicht mehr als der Mittelpunkt des Kreisverkehrs. Und doch, es ist noch gar nicht so lange her, da entzündete sich an dieser Brunnenanlage eine leidenschaftliche Diskussion über die Moral des Volkes und wie leicht sie zu verderben sei. Streitobjekt: vier sich im Rund des Brunnens exhibitionierende Damen, die sich bei genauerem Hinsehen als ein und dieselbe entpuppen; Gerüchten zufolge Vittoria Placidi nämlich, die dem palermitanischen Bildhauer Mario Rutelli in überaus abwechslungsreicher Stellung Modell gelegen haben soll. Das war im ausgehenden 19. Jahrhundert.

Noch bevor der Brunnen damals den Augen der *cittadini* übergeben werden konnte, drohte ihm bereits Verbannung in den hintersten Winkel der Borghese-Gärten.

Proteste dieser Art hatten in früheren Zeiten dazu geführt, den sixtinischen Geschöpfen Michelangelos Hosen anzumalen und allüberall in Rom an die männlichen Statuen Feigenblätter zu verteilen. »Unter moralischem Gesichtspunkt ein Schrecken und eine Schuld«, beschied der *Osservatore Romano*, das Sprach-

rohr des Papstes, nach der inoffiziellen Einweihung des Brunnens im Februar 1901.
Moral hin, Sitte her – keine anderen Brunnenfiguren zeigen sich so gänzlich, so mit Haut und Haar hingegeben an das fließende Element. In dieser Beziehung machen Rutellis Nymphen ihren antiken Schwestern alle Ehre.
Die Griechen kannten eine ganze Flut von Wassergöttinnen, wir kennen nur noch ihre Namen. Da waren Glauke, der Meeresglanz, und Maira, die Funkelnde, Glaukonome, die im Bläulich-Schimmernden Waltende, und Galateia, der milchweiße Schaum des Meeres. Da waren Kalliroe, die Schönfließende, und Oreithyia, die am Gebirge aufschäumende, tosende Welle. Sie alle waren Gespielinnen der Meere so wie Glaukos, ein Gott der See, dessen fast fünf Meter hohe Gestalt Steinkünstler Rutelli zum Mittelpunkt des Brunnens erhoben hat.
Aufsteigt der Strahl, den der Gewaltige einem Delphin abringt, höher als alle anderen und armdick dazu. Einer Fahne gleich gischtet er nieder, überschwemmt die oberste Brunnenebene, die sich auf die zweite ergießt, von der das Wasser – *»und jede nimmt und gibt zugleich«* – durch vier Meereskreaturen zur nächsten Plattform weitergespuckt wird. Dem Strahlenquartett entgegengesetzt, werfen unzählige kleine Fontänen ihren Bogen gegen die Brunnenmitte, sozusagen als Huldigung für Glaukos. Sie werden nachts angestrahlt, ein Ring aus Licht, der den Gott silbern umflutet.
Merkwürdig, daß Lichteffekte gern mit dem Vokabu-

lar des Wassers beschrieben werden, so wie umgekehrt, wer Wasser wortmalen will, in der Regel auf die dem Licht eigenen Attribute zurückgreift. Zum Barockbrunnen gehört das Licht, ganz besonders das künstliche. In einen unwirklich fluoreszierenden Schimmer getaucht (!), wird er zur sagenhaften Theaterkulisse. So auf der Piazza Navona.

Kein römischer Platz ist mit Wasser, ist mit Brunnen reicher gesegnet. Hier der Mohrenbrunnen, da der Neptunsbrunnen, und zwischen ihnen Berninis Fontana dei Fiumi, die wohl vollkommenste Verschmelzung des architektonischen und des flüssigen Elementes überhaupt.

Um sein Projekt beim Papst durchzusetzen, mußte sich Gian Lorenzo allerdings der Korruption bedienen. Er bestach die *papessa*, Donna Olimpia Pamphili, einflußreiche und habgierige Schwägerin des Papstes, mit einem Silbermodell der *fontana*. Der Coup gelang, und Bernini bekam den Auftrag.

Die monumentalen Flußgötter in ihrer beneidenswert ungezwungenen Pose, die Realistik, mit der Flora und Fauna imitiert wurden, vor allem aber das Wasser, das, vielgestaltig wie Proteus, sich in Berninis Steinkulisse ganz in seinem Element fühlen kann, machen den Brunnen zum schönsten Wasserkunstwerk des Barocks. Die Tier- und Pflanzendekoration ist aus Travertin, jenem porösen Süßwasserkalkstein, der in der Nähe von Tivoli bei Rom abgebaut wird und dessen gelber Ton sich so unvergleichlich im Abendlicht ausnimmt.

Großartig, wie alles aus den Fluten zu wachsen

scheint. Korallen und Kakteenbäume, an denen dicke Früchte reifen, Lorbeer, Blumen, Schlangen, Fische, ein Pferd, ein Löwe und eine Palme in Lebensgröße. Sogar der Wind in den Wedeln ist auf ewig versteinert.

Jedes Detail dieser phantastischen Schöpfung ist sinnbildlich einem der vier Erdteile zugeordnet. Der Flußgott Nil zusammen mit Palme und Löwe steht für Afrika, der Rio de la Plata mit dem Krokodil für Amerika, der Ganges für Asien, die Donau und das Pferd schließlich vertreten Europa.

Bewundernd blickt Europas Flußgott empor zu dem das Brunnenleben turmhoch überragenden Obelisken. Dieser Monolith, auf Bestellung des Kaisers Domitian von römischen Steinmetzen gemeißelt und mit ägyptischem Text versehen, ruht so schwerelos auf dem doppelt durchbrochenen Travertinbogen, als wäre er innen hohl, was mitnichten der Fall ist. Abweichend von den meisten Sonnennadeln Roms, trägt er auf seiner Spitze nicht das Kreuz, sondern – ein Meter siebzig groß! – eine vergoldete Bronzetaube: Wappenvogel des Pamphili-Papstes.

Innozenz X. als Herrscher der Welt, die ihm in Gestalt der Stromgötter huldigt – das war ganz offensichtlich die politische Botschaft des Brunnens. Strenggenommen eine historische Fälschung, denn im Jahr 1648, als auf der Piazza Navona die Bauarbeiten begannen, war im fernen Deutschland der Westfälische Frieden unterzeichnet worden. Dieser besiegelte endgültig den Verlust der protestantischen Gebiete Europas für die katholische Kirche.

Auch der Vier-Ströme-Brunnen ist also womöglich ein Propagandainstrument, entworfen, um den Pilgerscharen im heiligen Jahr 1650 die Überlegenheit des Papsttums zu demonstrieren. Die Arbeiter wurden allerdings nicht rechtzeitig fertig, und so konnte Innozenz X. den Brunnen erst im folgenden Jahr einweihen.

Die Zeiten, in denen sich die Piazza Navona zum Ergötzen von Adel und Volk in einen künstlichen See verwandeln ließ, sind lange vorbei. »Inondata« (Überflutung) nannte man dieses Schauspiel, bei dem der Platz kniehoch unter Wasser gesetzt wurde. In der so entstandenen Badeanstalt planschte an den heißen Augustwochenenden halb Rom herum. Der Brauch wurde schnell zum Lieblingssujet der Maler. Später hob man das Pflasterniveau der Piazza an, was eine Flutung für alle Zukunft unmöglich machte. Schade eigentlich.

Wie ein Bergquell sprudelt es noch immer aus Berninis Travertin-Blöcken, die so kunstvoll behauen sind, daß sie natürliche Felsen scheinen. Und noch immer sammelt sich das Leben aus den umliegenden Straßen um die Fontänen, weht der Geist der Götter über den Wassern.

Drei Brunnen, ein Element. Ein Element, ohne das Rom nicht wäre, was es ist: die brunnenreichste Stadt der Welt. Sinnbild des Dauernden, Unvergänglichen, obgleich sich ständig Wandelnden im Fluß der Zeitläufte. Ewig vielleicht, wie das Wasser, das strömt und ruht.

II.
Römische Hügel

Nicht die Höhe macht sie groß

Wie viele Hügel hat Rom? – An die zwanzig, jedenfalls im Moment, denn die in alle Himmelsrichtungen wuchernde Metropole verleibt sich von Zeit zu Zeit neue Erhebungen ein, zuletzt die Monti Parioli, Monte Sacro und Monteverde. Daß man weiterhin immer nur von sieben spricht, hängt mit der sogenannten Servianischen Mauer zusammen, die nach dem Galliereinfall des Jahres 390 vor Christus um die weltberühmten Gipfel gezogen wurde.

Kaiser Aurelian nahm später beim neuerlichen Mauerbau auch den Pincio und Teile des Gianicolo ins Stadtgebiet mit auf, doch da war es bereits zu spät: Die magische Zahl Sieben hatte sich die römische Topographie für alle Ewigkeit unterworfen.

Selbst eingefleischten Römern fällt es schwer, die legendären Hügel aus dem Stegreif herzusagen. Den Kapitolinischen kennt noch jeder, und auch bei Palatin, Quirinal und Aventin zögert niemand. Schwieriger wird es bereits mit Esquilin sowie Viminal, ungenannt bleibt in der Regel der Caelius, wogegen oft fälschlich, wohl wegen der Aurelianischen Mauer, der Pincio und der Gianicolo mitgezählt werden.

Zu aller Verwirrung sind die sieben keineswegs identisch mit den *sette colli*, auf denen vor fast dreitausend Jahren die Latiner siedelten. Zu diesen gehörten Palatium und Germalus (heute als Palatin zusammengezogen) sowie Velia, Oppius, Cispius und Fagutal (die letzten drei waren kleinere Erhebungen des Esquilin), schließlich die Subura, die wiederum eine Kuppe des Caelius war.

Sprechen die Römer von ihren Hügeln, nennen sie diese stolz *monte*, Berg. Dabei erreichen die meisten gerade eben die Höhe der umliegenden Paläste. Der Monte Aventino, auf dem sich in grauer Vorzeit das Schicksal der Stadt entschied, mißt ganze vierzig Meter.

Auf seinem Gipfel, so die Sage, befragten Romulus und Remus das Vogelorakel. Jener sah zwölf, dieser nur sechs Geier, und so war die Sache klar. Nicht Rema, sondern Roma würde die zukünftige Siedlung heißen.

Auf dem Nachbarhügel Palatin soll der Sieger Romulus dann das sagenumwobene Mäuerchen aufgeschichtet haben, um dessentwillen er seinen Bruder erschlug, als der voller Spott darüber hinwegsprang. Die Tradition, nach der die Behausung des Romulus hier zu suchen ist, erhielt neuen Auftrieb, als die Archäologen in diesem Jahrhundert tatsächlich auf die Fundamente dreier prähistorischer Hütten stießen, die sich auf die Zeit des 9. oder 8. Jahrhunderts vor Christus datieren lassen.

Heute ist der Aventin ein Klosterberg, abgeschieden und doch mitten in der Stadt gelegen. Dominikaner, Malteser und Benediktiner haben sich auf seiner Kuppe niedergelassen, ihre unsichtbare Präsenz prägt die Atmosphäre des gesamten Viertels. Nicht einen Passanten treffe ich in den Straßen. Lärm und Hektik des Verkehrs sind verstummt, das Leben hier oben hat einen anderen Rhythmus. Einkaufsgeschäfte fehlen so gut wie völlig, keine Schaufenster, keine Leuchtinschriften oder Werbeplakate. Gibt es sonst in jeder römischen Gasse mindestens eine Bar, muß man sie auf dem Aventin geradezu suchen.

Auch der Palatin scheint in seiner Einsamkeit fern von Rom zu liegen, eine Gartenidylle mit Palmen, Kamelien und Orangenbäumen. In der Antike galt er als Prominenten-Wohnviertel, dort wurde Augustus geboren und Caligula ermordet. Konsuln, Redner, Volkstribunen und vor allem die Kaiser ließen sich hier ihre Villen hochziehen, je nach Macht und Größenwahn ins Gigantische gesteigert und nach dem letzten Schrei der Mode ausstaffiert. Das Wort Palast – von Palatin – findet auf diesem Hügel seinen etymologischen Ursprung.

Nero brach wie üblich den Rekord. Seine »domus aurea«, das Goldene Haus, erstreckte sich vom zu eng gewordenen Clivus Palatinus bis zum Esquilin. Allein die dreireihige Säulenhalle soll fast eineinhalb Kilometer lang gewesen sein und das Vestibül so groß, daß die hundertzwanzig Fuß hohe Statue des Kaisers bequem untergebracht werden konnte.

Es befand sich ferner ein Teich darin, »der wie ein Meer mit Gebäuden umgrenzt war, welche Städte vorstellen sollten, dazu Ländereien, wo Kornfelder mit Weinpflanzungen, Viehweiden mit Wäldern, belebt von einer Menge der verschiedenartigsten zahmen und wilden Tiere, abwechselten«. Wahrscheinlich hat Sueton hier ein wenig übertrieben, denn wie soll all diese Herrlichkeit wohl auf zwei Mini-Hügelchen Platz gefunden haben? Nero äußerte übrigens beim Einzug in sein neues Heim: »Endlich wohne ich wie ein Mensch!«

Das Herz des antiken, des mittelalterlichen und des Renaissance-Rom war indes nicht der Palatinische, sondern der Kapitolinische Hügel. Was die Akropolis für Athen, war das Kapitol für Rom. Gekrönt vom berühmtesten Tempel des Römischen Imperiums, dem Jupiter Optimus Maximus Capitolinus geweiht, galt die zweigipflige Erhebung als heiliger Bezirk. Hier fanden alle wichtigen religiösen und politischen Handlungen statt, hier feierten die Römer ihre Kriegstriumphe, hier auch kerkerten sie ihre Gefangenen ein und richteten Verräter hin, die sie kurzerhand vom Tarpejischen Felsen hinunterstürzten.

Im letzten Jahrhundert hatte das Kapitol für die Deutschen noch eine besondere Bedeutung: Im Palazzo Caffarelli residierte die preußische Botschaft. Außerdem gab es eine deutsche Schule, ein deutsches Hospital und einen archäologischen Zirkel, aus dem das Deutsche Archäologische Institut (heute in der Via Sardegna) hervorgehen sollte.

Mit dem Untergang des Römischen Reiches verkam das Kapitol zum Monte Caprino, dem Ziegenberg. Auch die anderen Hügel verwandelten sich nach und nach in Weiden und Wildnis. Erst die Renaissance-Päpste bezogen einige der Erhebungen erneut in ihre

Stadtplanung mit ein. So bemühte sich Sixtus V. um eine Wiederbesiedlung des Pincio-Hügels, indem er durch Privilegien Anwohner für die unter seiner Herrschaft angelegte Via Sistina warb. Den Ziegenberg schmückten seit dem 16. Jahrhundert Konservatoren- und Senatorenpalast und den Quirinal die päpstliche Sommerresidenz.

Viele Hügel waren bis ins letzte Jahrhundert von Weinbergen umrankt. Der an den Südhängen der Monti Parioli gereifte Balestra-Wein wurde im Jahr 1897 sogar preisgekrönt. Reben gab es auch an den Hängen von Esquilin und Quirinal, die jedoch nach Ausrufung Roms zur Hauptstadt Italiens einem urbanistischen Kahlschlag zum Opfer fielen.

Livellamento, Einebnung, hieß das Gebot der Stunde: »Man muß scheiden von diesen stillen Hügeln ihre Einsamkeit und ihr poetischer Zauber wird bald zerstört sein. Man will sie mit Gebäuden bedecken. Auf dem Caelius wird man Straßen bauen. Auf dem Esquilin, Viminal und Quirinal soll das neue Rom entstehen. Oft gehe ich nach dem neuen Quartier *ai termini*, wo nun die Via Nazionale im schnellen Fortschreiten begriffen ist«, so notiert Ferdinand Gregorovius am 18. März 1872 in sein Tagebuch.

Radikale Eingriffe in die römische Hügellandschaft waren allerdings nicht neu. Schon an der Trajans-Säule läßt sich ablesen, wie weit im 2. Jahrhundert der Quirinal-Hügel abgetragen wurde, um das Forum des Trajan zu bauen. Für den Bau des neuen Rom wurde er nun erneut amputiert.

Der Esquilin kam besser davon. Die Beerdigungsstätten der Antike hatten ihn jahrhundertelang in den Verruf eines Hexenberges gebracht. In der Nacht des 23. Juni würden die *streghe*, die in seinen Gräbern hausen, ein diabolisches Fest feiern, wodurch sich noch im letzten Jahrhundert mancher Abergläubische veranlaßt sah, den Fuß nicht über die Porta San Giovanni hinauszusetzen, und das, obwohl die Römer alljährlich in der Johannisnacht die Teufelsbrut mit Lärm auszutreiben pflegten. Auch Santa Maria Maggiore dürfte wohl das Ihrige getan haben, um die Gegend rund um ihre Kirche hexenfrei zu halten.

Rom blieb die Stadt der Sieben Hügel, auch wenn diese mittlerweile im Häusermeer verschwunden sind. Nach einem Panoramapunkt, von dem aus sich die legendären Gipfel mit einem Blick umfassen ließen, sucht man heute vergeblich: »aus der Vogelperspektive gesehen, sah sie (die Stadt) fast eben aus; die sieben berühmten Hügel bildeten nur schwache Wölbungen, eine fast unmerkliche Schlagwelle in dem breiten Meer der Fassaden«, stellte bereits Emile Zola fest.

Die Überschwemmungen des Tiber sowie der Gebäudeschutt von Jahrhunderten haben die Täler aufgefüllt und die Höhen nach und nach nivelliert. Den Rest besorgten gegen Ende des 19. Jahrhunderts die Urbanisten. Vom Gianicolo aus betrachtet, wirkt die Stadtlandschaft nahezu platt, nur das Gefälle in den Straßen verrät noch den ursprünglichen Charakter.

Einer der wenigen Hügel, die von flächendeckender Überbauung verschont blieben, ist der Monte Vaticano. In der Antike reckte sich an seinen Hängen ein Heiligtum der blutrünstigen Göttin Kybele; unter

Konstantin dem Großen entstand dann dort die erste Peterskirche. Den höchsten Berg im kleinsten Staat der Welt beherrscht die katholische Rundfunkstation, die die Botschaften des Papstes rund um den Erdball schickt.

Ihre Konkurrenz dagegen, die italienische Rundfunk- und Fernsehgesellschaft RAI, siedelte sich mit gewaltigen Antennen auf dem benachbarten Monte Mario an. Während der Sonnenaufgang vom Gianicolo aus, ihr Untergang vom Pincio aus am schönsten ist, wirkt Rom bei Nacht am stimmungsvollsten von diesem Gipfel aus. Eine Travertin-Tafel auf der Terrasse gleich neben der Sternwarte beschwört das umfassende Panorama durch ein Zitat von Martial: »Von hier aus sieht man die sieben Herrenhügel,/ganz Rom kann man von hier ermessen,/auch die Albaner und die Tuskulaner Berge/und was immer dicht bei der Stadt an kühleren Stätten liegt,/Fidenae, das uralte, und das nahe Saxa Rubra.«

Mit hundertneununddreißig Metern erhabenster Hügel Roms ist der Monte Mario, geologisch gesehen gleichen Ursprungs wie der Vaticano und der Gianicolo. Alle drei brachte das Meer hervor, während die links vom Tiber gelegenen *colli* aus vulkanischen Ablagerungen entstanden. Womöglich deutet auch der Name auf das sich ursprünglich an dieser Stelle ausbreitende Meer: *monte mare*. In seinem Untergrund fanden die Geologen nicht weniger als sechshundertfünfundvierzig verschiedene Fossilien.

Der wohl merkwürdigste Berg der Sieben-Hügel-Stadt ist weder wasser- noch feuergeboren. Fünfunddreißig Meter hoch, handelt es sich um die größte Kollektion antiker Töpfereiprodukte der Welt, prosaisch ausgedrückt: die Müllhalde des Imperium Romanum. Eine Million Menschen (Roms Einwohnerzahl im 1. Jahrhundert) produzierten eine Menge Dreck. Zwar gab es noch keine Coca-Cola-Dosen, dafür aber haufenweise Amphoren sowie irdene Krüge, in denen Wein, Öl und Korn transportiert wurden. Den tönernen Bruch (lat. testa bedeutet Scherbe) von Abermillionen Gefäßen häuften die Römer im Laufe der Jahrhunderte zu einem Hügel auf: dem Monte Testaccio.

Eine Fundgrube für Amateurarchäologen! Natürlich ist es verboten, Bruchstücke mitzunehmen, ja selbst das Besteigen des Monte Coccio, des Scherbenberges, ist inzwischen nur noch mit Genehmigung möglich. Zwischen Löwenmäulchen und Gänseblümchen tritt man die Antike hier buchstäblich mit Füßen, bei jedem Schritt knirscht und knackt es. Die Initialen auf einigen Amphorenfragmenten geben Hinweise auf die Herkunft der Töpferwaren.

Im Mittelalter war der in seiner Kahlheit an Golgatha erinnernde Hügel das Ziel großer Prozessionen, weshalb ein gewaltiges Kreuz den Gipfel markiert. Später entdeckten ihn die Bewohner der angrenzenden Straßen als natürlichen Kühlschrank und lagerten ihren Wein in seinen Grotten. Heute nisten an seinen Hängen trendgerechte Clubs, denn das Testaccio-Viertel mauserte sich in den letzten Jahren zum Mekka der römischen Nachtschwärmer.

Auch der Monte Giordano wurde angeblich aus

Schuttmassen künstlich aufgehäuft. In der Antike soll sich an seiner Stelle ein steinernes Theater für Gladiatorenkämpfe befunden haben, das angeblich elftausend Zuschauer faßte. Entsprechend hoch geriet der Ruinenhügel. Er ist mit knapp zwanzig Metern der niedrigste Hügel Roms, gleichwohl verblüfft seine Erhebung, die in so unmittelbarer Nähe der stark bevölkerten Piazza Navona niemand vermutet. Die Straße zu seinem Gipfel endet als Sackgasse, einer der reizvollsten Winkel des *centro storico*.

Zwanzig Meter Höhe bedeuteten im Mittelalter ein strategisch wertvolles Vermögen. Der Clan der Orsini machte es sich im 13. Jahrhundert für den Bau einer Festung zunutze und taufte den Hügel nach seinem Wappentier: »mons ursinorum«, Bärenberg. Später hängte ihm ein ehrgeiziger Familiensproß seinen Vornamen an, und gegen Ende des 15. Jahrhunderts wurde der Monte Giordano testamentarisch auf die Orsini festgeschrieben.

Der neben Testaccio und Monte Giordano dritte künstlich aufgetürmte Berg, Roms achter Hügel, wie mancher lästert, wirft seinen Schatten über die Piazza Venezia. Siebzig Meter hoch, hundertfünfunddreißig Meter breit und hundertdreißig Meter tief plante Architekt Giuseppe Sacconi das Monument zum Ruhm des Vaterlandes. Ein Gebirge grellweißen Gesteins wurde aus den Steinbrüchen von Brescia herangekarrt, um die sogenannte »Schreibmaschine« zu verkleiden.

Kalkstein überall. Unübersehbar und leider auch unverwüstlich trotzt der »Monte Bianco« sogar dem alles zerfressenden Smog. Ein Fremdkörper in der ziegel- und sandfarbenen Häuserlandschaft, drängt er sich ins Bild, egal, von welchem Hügel aus man das Stadtpanorama betrachtet. Wenn allerdings Luigi Malerba recht behält, sind auch seine Tage gezählt. Das Panorama Roms nutze sich nämlich durch die Blicke der Touristen Schicht um Schicht ab. Bald, so Malerbas Prognose, dürfte nichts mehr zu sehen sein.

III.
Römische Kirchen

Des Himmels Herrlichkeit auf Erden

Wie Jahresringe eines Baumes in vertikaler Variante läßt sich das Schicksal Roms an den Schichten seiner Bauten ablesen. Gotteshäuser konservieren die Jahrhundertringe in einzigartiger Weise, denn das Recycling von Baumaterial war hier seit der Antike groß in Mode. Die frühchristlichen Architekten bauten mit den Ruinen der alten Welt. Thermen, Theater und Kaiserforen waren ihnen willkommener Steinbruch. Später funktionierten sie sogar heidnische Kultstätten um; so erlebte das Pantheon der sieben Planetengötter Anfang des 7. Jahrhunderts eine Reinkarnation als Christenkirche.

Die Orte blieben dieselben, die Adressaten änderten sich. Minerva und Juno traten ihre Tempelplätze an Maria ab, Asklepios an den heiligen Bartholomäus, Venus und die Göttin Roma an die heilige Francesca Romana.

Rom ohne Plätze wäre halb so schön, Rom ohne Kirchen ist undenkbar. Wie die Brunnen sind sie eines der charakteristischen Elemente der Stadtlandschaft. Denn kein Ort dieser Erde besitzt eine vergleichbare Konzentration von Kirchen auf so engem Raum. Allein innerhalb der antiken Stadtmauer zählt man an

die zweihundertvierzig – lediglich Bars gibt es noch mehr.
Die Stadt der sieben Hügel ist auch die Stadt der sieben Kirchen. Einen Parcours von sieben Gotteshäusern erkor der Katholizismus zum Hauptwallfahrtsziel der Christenheit. Jeder Büßer, der San Giovanni in Laterano, San Pietro, Santa Maria Maggiore, San Paolo fuori le Mura, Santa Croce in Gerusalemme, San Lorenzo fuori le Mura und San Sebastiano besucht, darf mit einem nicht zu verachtenden Rabatt fürs Fegefeuer rechnen: Dreihundert Jahre würden ihm, wie es heißt, auf einen Schlag erspart.
In gewisser Weise findet die Tourismusindustrie ihren Ursprung in diesen Pilgerreisen. Die ersten Stadtpläne verzeichneten die topographische Lage der Hauptkirchen, die ersten Reiseführer ihre Ausschmückung und Reliquiensammlungen. Die Ausrufung eines »heiligen Jahres« beflügelte nicht nur den Fremdenverkehr, sondern auch die Buchproduktion. Von einer Wallfahrt im Jubeljahr 1575 schreibt der Münchner Hofprediger Johann Jakob Rabus: »(…) nit überlang, nämlich den folgenden Tag, erblickten sie das erwünschte Ort, die h. Stadt Rom, von fernen, huben an, das Te Deum laudamus mit einander zu singen und kamen also dahin mit Glück und Freuden, eilten bald S. Peters Hauptkirchen und der gulden Pforten daselbsten zu.«
Die Pilger kamen aus allen Ländern Europas, um an den Gräbern der Apostel niederzuknien. Und die Päpste unterstützten den Glauben an die Wunderwirksamkeit der Märtyrergebeine nach Kräften. Mit-

gebrachte Geschenke und Spenden wurden bald zur ständigen Einnahmequelle der Kurie. Und so konnte Rom sich nach und nach mit den größten und kostbarsten Kirchen der Welt schmücken. In der Vielfalt dieser Bauten malt sich die Geschichte der Ewigen Stadt.

Tief ist der Brunnen der Vergangenheit. Unter den Gotteshäusern messen die Archäologen ihn mit dem Spaten aus. Nicht weniger als vier Konstruktionsebenen bewahrt zum Beispiel San Clemente im Schatten des Kolosseums. Seit Mitte des letzten Jahrhunderts graben die irischen Dominikaner nach dem Ursprung ihrer Basilika. Der Abstieg in den Untergrund wird zum Ausflug durch die Jahrtausende.

Eben noch saß man in einer kleinen Bar bei einem Cappuccino, nun überquert man die Straße, betritt ein unscheinbares Ziegelkirchlein, und fünf Minuten später steht man zweitausend Jahre tief in der römischen Geschichte!

Vorbei an uralten Fresken führt eine Treppe in die Unterwelt hinab, zwölf Meter unter das Straßenniveau der Gegenwart. Je tiefer wir steigen, um so mehr scheint sich überraschenderweise der Raum zu weiten. Ab und zu schimmert wie aus geisterhafter Ferne Tageslicht durch das Halbdunkel. Ein Labyrinth breiter Gänge und hoher Säle entführt in einen längst vergangenen Alltag – fern von Rom, fern vom Heute. Noch immer ziert antikes Ziegelparkett in Fischgrätmuster die Fußböden, und an den Wänden meint die Phantasie noch Brandspuren zu entdecken.

Man schrieb das Jahr 64, Nero weilte angeblich gerade fern von Rom, als in der Stadt ein Feuer ausbrach. Ob Unfall oder vorsätzliche Brandstiftung, konnten die Geschichtskriminalisten mangels Beweisen nie klären, denn die Zeugen widersprachen sich. Jedenfalls soll der Imperator eiligst zurückgekehrt sein und, sichtlich inspiriert von der Katastrophe, auf seiner Privatbühne die Zerstörung Trojas besungen haben. Zwei Drittel der Millionenstadt brannten damals ab, auch die Häuser, deren Fundamente die unterste Grabungsschicht von San Clemente bis heute bewahrt. Nach der Feuersbrunst bauten die Römer auf dem Areal neue Häuser. In der nächsten Grabungsschicht betritt man die Zimmerfluchten eines vornehmen Wohnhauses sowie eines großen Gebäudes. Es handelt sich möglicherweise um einen Getreidespeicher, eine Fabrik oder die *moneta*, das römische Münzamt, das sich in dieser Gegend befunden haben muß. Den ersten Christen (wahrscheinlich folgte zu Beginn des 4. Jahrhunderts bereits ein Drittel der römischen Bevölkerung dem neuen Glauben) diente es als Versammlungsstätte. Diese sogenannten *tituli* fungierten als Hauskirche, Wohltätigkeitszentrum und Verwaltungssitz.

Neben dem Christentum florierten in Rom seinerzeit zahllose andere Religionsgemeinschaften. Gleich um die Ecke des »titulus clementis« gründeten Anhänger der persischen Gottheit Mithra ein Konkurrenzunternehmen: Unter der Kirche hat sich tatsächlich ein Mithräum erhalten!

Auf dem Altar, der den Lichtgott beim Töten des Urstiers zeigt, wurde wahrscheinlich noch geopfert, als die Christen nebenan die Räume ihres Gemeindezentrums mit Schutt und Erde füllten, um darauf eine erste Basilika zu errichten. Wie üblich verwendeten die Baumeister auch antikes Baumaterial. Sogar Grabsteine kamen erneut zum Einsatz. Ein besonders schönes Exemplar ziert heute das Treppenhaus: Auf der einen Seite liest man eine christliche, auf der anderen eine heidnische Inschrift.

Als die Mithra-Religion verboten wurde, erweiterten die Christen ihre Basilika um eine Apsis – in triumphaler Geste in dem heidnischen Heiligtum.

Doch auch diese Kirche sollte nicht dauern. In dem großen Stadtbrand, den die Horden der Normannen im Jahr 1084 verursachten, wurde sie schwer beschädigt. Bald darauf entschloß sich der römische Klerus zu dem Neubau, der noch heute steht. Die Urbasilika benutzten die Architekten ohne viel Federlesens als Fundament. Nach Abtransport von hundertdreißigtausend Wagenladungen Bauschutt kam sie in der zweiten Hälfte des letzten Jahrhunderts wieder ans Tageslicht – mitsamt ihren guterhaltenen Fresken.

Der Standardtyp der frühchristlichen Basilika geht auf Konstantin zurück. Seiner Protektion verdankt die Stadt den ersten Kirchenbau-Boom. Der Aufstieg Roms zum Zentrum der katholischen Christenheit begann! Gleichwohl war die Konstantinische Baupolitik zwiespältig. Die kaiserlichen Prestigekirchen sollten den Gläubigen und Sympathisanten, die sie betraten, Macht und Herrlichkeit des Christengottes demonstrieren. Von außen erschienen sie jedoch eher unscheinbar. Opportunistische Rücksicht auf eine im-

mer noch mächtige heidnische Lobby ließ Konstantin seine Kirchen zudem in Stadtrandnähe errichten.
Am Ende jedoch triumphierte der neue Glaube. Rom wurde christianisiert, und zugleich romanisierte das Christentum. Überraschenderweise demonstrieren Roms frühchristliche und mittelalterliche Kirchen ein Wiederaufleben der klassischen Antike. Auch wenn das Heidentum erstickt war, blieben seine Monumente als Wahrzeichen einer ruhmreichen Vergangenheit bestehen; die Kultbauten wurden als Staatseigentum sogar noch eine ganze Weile geschützt.
Aus den Tiefen von San Clemente führt der Weg hinauf auf den Caelius-Hügel zu dem wohl außergewöhnlichsten Christentempel der Stadt. Im 5. Jahrhundert, als die römischen Bautechniken noch nicht völlig in Vergessenheit geraten waren, entstand – keineswegs zufällig ebenfalls über den Ruinen eines heidnischen Mithräums – ein Gotteshaus von ungewöhnlicher Größe und einzigartigem Grundriß: Ein Kreis, Sinnbild der Vollkommenheit, sowie ein Kreuz, Zeichen der Erlösung, waren der Kirche Santo Stefano Rotondo eingeschrieben.
Man hielt die »Sphinx des Caelius« lange für ein ursprünglich heidnisches Gebäude, denn Rundbauten waren in der frühchristlichen Kirchenarchitektur nicht üblich. Statt dessen läßt sich Santo Stefano Rotondo (heute Titelkirche des Erzbischofs von München) als getreu erhaltenes Abbild des berühmtesten Mausoleums der christlichen Welt deuten: Der Bau gleicht bis hin zu den Maßproportionen der heiligen Grabrotunde in Jerusalem!

Das magische Verhältnis von Licht und architektonischem Raum nimmt den Betrachter noch immer gefangen, obwohl der äußere der drei Raumringe amputiert und der ursprüngliche Durchmesser (einst über sechsundsechzig Meter!) dadurch um ein Drittel reduziert wurde.
Seit Jahren versuchen deutsche Bauforscher das Originaldach zu rekonstruieren, »eines der spannendsten Kapitel der experimentellen Archäologie in Rom«, wie Architekt Sebastian Storz erläutert. Er identifizierte die Tonröhrenfragmente an der heutigen Außenmauer als Reste einer Kuppelverschalung!
Handliche, flaschenförmige Tonröhren wurden mit schnell bindendem Gipsmörtel zu Bögen zusammengesteckt, die Reihe um Reihe ein Gewölbe formten, so stabil, daß es außer seinem eigenen Gewicht auch große Zementkuppeln tragen konnte. Mit dieser genialen Technik die zweiundzwanzig Meter des Tambours zu überkuppeln dürfte für die Bauexperten der Antike theoretisch kein Problem gewesen sein. Ob allerdings zur Zeit der Erbauung von Santo Stefano Rotondo das Know-how tatsächlich noch vorhanden war, bleibt zu beweisen.
Weiter führt der Weg auf einen anderen der sieben legendären Hügel zur schönsten der sieben Pilgerkirchen. Im 5. Jahrhundert waren Sakralbauprojekte zum ausschließlichen Privileg der Päpste geworden. Schenkungen, Stiftungen und eine kompetente Bürokratie ermöglichten ihnen ambitiöse Bauten – durch und durch christlich und zugleich typisch römisch. Die Architektur und Ausschmückung von Santa Maria

Maggiore auf dem Esquilin spiegelt eine christliche Renaissance klassischer Traditionen wider. In der Hauptkirche des Marienkultes feiert die Pracht antiker Mosaikkunst unter christlichem Vorzeichen einen letzten Triumph.

Mehr als zwei Dutzend Mosaiken (ursprünglich waren es zweiundvierzig) stellen mit lebendiger Dramatik Szenen aus dem Alten Testament dar. Ausdrucksvoll gestikulierende Menschen, realistisch abgebildete Tiere sowie perspektivische Architekturen vermitteln eine Ahnung von der künstlerischen Virtuosität der späten Kaiserzeit. Es handelt sich um den ersten erhaltenen Bibel-Bilderzyklus der abendländischen Kunst.

Zur Hauptmesse am Sonntagmorgen leuchten heute Scheinwerfer die frühchristliche Rarität bis in die letzten Farbnuancen aus, doch nur mit einem Fernglas vermag der Betrachter alle epischen Einzelheiten zu entdecken.

Keine Pilgerkirche ist schöner. Aber eine ist berühmter! »Du bist Petrus, und auf diesen Felsen will ich bauen meine Kirche« (Matth. 16,18) – Konstantins Architekten nahmen Jesus beim Wort und stellten ihre fünfschiffige Großbasilika unmittelbar auf das Grab des Apostels. Petrus war der Überlieferung zufolge um das Jahr 67 auf dem vatikanischen Hügel in Neros Zirkus gekreuzigt und nahebei auf einem öffentlichen Friedhof beigesetzt worden. Deshalb erhebt sich die heiligste Kirche Roms außerhalb der Stadtmauern. Um sie zu erreichen, muß der Pilger das Zentrum verlassen und den Tiber überqueren.

Es ist jedoch nicht die ursprüngliche Konstantinische Basilika, die er betritt. Die Renaissance-Architekten zerstörten den frühchristlichen Bau und mit ihm alle nicht transportablen Kunstwerke. Am liebsten hätten sie auch noch das Petersgrab umquartiert, was Papst Julius II. indes zu verhindern wußte. Hinsichtlich der Authentizität von Gruft und Gebeinen machte die Forschung freilich erst in diesem Jahrhundert entscheidende Fortschritte.

An Popularität hat die vatikanische Basilika die Kathedrale Roms längst ausgestochen. Obwohl San Giovanni in Laterano den stolzen Titel »Mutter und Haupt aller Kirchen der Stadt und des Erdkreises« führt, ist der seit dem 4. Jahrhundert offenkundige Streit der beiden Kirchen um das Primat inzwischen zugunsten von Sankt Peter entschieden. Der Papst pflegt seinen Segen »urbi et orbi« nicht vom Lateran, sondern von der Benediktions-Loggia im Vatikan zu spenden.

Die neue Peterskirche gehört zu den meistmodifizierten Bauprojekten der europäischen Architekturgeschichte. Als Höhepunkt der Renaissance-Kunst geplant, wurde sie nach einer Bauzeit von über hundertzwanzig Jahren als hochbarocker Superlativ fertiggestellt. Wohl jeder Besucher ist überwältigt, doch weniger von ihrer Schönheit als von ihrer Überdimensionalität.

Im Thronsaal des Papstes ist der Mensch nicht mehr das Maß aller Dinge! Noch das kleinste Detail harmoniert in den Proportionen mit der Größe des Raumes. Die Schreibfeder des Evangelisten Matthäus im Kuppelmosaik mißt zweieinhalb Meter, die Apostelskulp-

turen kommen auf fast sechs Meter Länge, und Berninis Bronzetabernakel kann es in der Höhe mit dem Palazzo Farnese aufnehmen. Sankt Peter faßt bequem sechzigtausend Besucher, Bronzesterne im Marmorpflaster markieren die Längen der Kathedralen von London, Paris, New York und vieler anderer Kirchen. Um ihr eitles Projekt zu finanzieren, verfielen die Päpste auf allerhand Geldbeschaffungsmaßnahmen. Zum Beispiel die Vergebung der Sünden für Bargeld. Ob Martin Luther ohne den Neubau der Peterskirche ein folgsamer Mönch geblieben wäre, sei noch dahingestellt. Tatsache jedoch ist, daß der Sündenfreikauf die Reformation entfesselt hat.
Während die Protestanten gegen alles Schaugepränge in Gotteshäusern eiferten, nahmen die Päpste die Künste in ihre Dienste, um die Gläubigen zu fesseln. Die großangelegte Offensive gegen die deutsche Ketzerbewegung ging Hand in Hand mit der Entwicklung eines neuen, revolutionären Baustils: des Barocks.
Und wieder waren es Roms Kirchen, in denen ein Kapitel europäischer Kunstgeschichte erstmals Gestalt annahm! Meister der Stunde waren Gian Lorenzo Bernini und Francesco Borromini, freilich auf höchst unterschiedliche Weise. Bernini schöpfte aus dem vollen, mit kostbaren Materialien und perspektivischen Tricks. Borromini dagegen bediente sich strenger Stilprinzipien bei größter kapriziöser Wirkung.
Das architektonische Können des letzteren kulminierte in der Kirche der ehemaligen Universität, Sant' Ivo alla Sapienza, keine zwei Minuten entfernt von der

schönsten Barockbühne der Ewigen Stadt, der Piazza Navona. Borromini komponierte den Kirchenkörper aus einer scheinbar komplizierten Geometrie von Halbkreisen und Trapezen, die im Grundriß die genial einfache Figur zweier übereinandergelegter gleichseitiger Dreiecke variiert. Manche wollen in dem bizarren Raumgebilde eine Biene, Wappentier des Barberini-Papstes Urban VIII., erkennen, andere interpretieren die Dreiecksform als Symbol göttlicher Weisheit *(sapienza)*. Wie dem auch sei: Kaum ein Architekt hat je so originell mit seinem Vokabular zu spielen gewagt!

Zu den Lieblingseffekten Borrominis gehört der Rhythmus konkaver und konvexer Flächen. Die Fassade (zum größten Teil noch das Werk eines seiner Vorgänger, Giacomo della Porta) biegt sich, als wäre sie aus Wachs, nach innen, während die Wände des Kuppeltambours sich nach vorne auswölben. Die Laterne modellierte der Baukünstler analog dem Kirchengrundriß, dem Tambour und der Kuppel aus einem Sechseck; der Schneckenturm verwandelt sie in eine orientalische Phantasie, die in der römischen Kirchenlandschaft nicht ihresgleichen hat. Bezüglich der Innenausstattung erweist sich Borromini dagegen als vergleichsweise asketisch. Üppige Dekorationen würden die Dynamik der erstaunlichen Geometrie nur stören, keinerlei Säulenstellungen oder Fresken beleben Sant' Ivo alla Sapienza. Doch die Mauern atmen!

Als Roms Universitätskirche 1660 geweiht wurde, waren die Jesuiten, lediglich drei Straßenzüge weiter, noch immer mit der Dekorierung ihres Hauptquartiers beschäftigt. Der Kirchenwanderer betritt in Il Gesù eine völlig andere Welt. Wie Sant' Ivo alla Sapienza ist die Kirche ein Paradebeispiel der Barockkunst, und doch könnte der Gegensatz nicht größer sein.

Die Jesuiten hatten sich als Strategen der Gegenreformation profiliert und suchten die Überlegenheit der katholischen Glaubensinhalte sinnlich faßbar darzustellen. In ihrer Mutterkirche schwingt sich der Barock zu Höchstleistungen auf. Luxuriöse Marmor- und Alabasterverkleidungen bedecken Wände und Pilaster, pathetische Fresken die Gewölbe. Vergoldungen und Skulpturenglorie überall. Die Kunst sollte die Wirklichkeit übertreffen, der Effekt war alles.

Für ihren Ordensgründer Ignatius war den Patres nichts zu teuer. Gold, Silber, Edelsteine, Elfenbein sowie Bergkristall zieren Altar und Sarkophag seiner Kapelle. Vor einem übertriebenen Gebrauch von Bronze bei der Gestaltung des Hauptaltars der Kirche hüteten sie sich dagegen, um nicht in Konkurrenz zu Sankt Peter zu geraten. Finanziert wurde das Ganze mit den Einkünften aus den überseeischen Ordensprovinzen Mexiko, Chile, Peru und den Philippinen.

Wo das Geld nicht reichte, fabrizierten die Barockdekorateure Marmor aus bemaltem Verputz. Es ging ihnen ja vor allen Dingen um den schönen Schein. Und so verbirgt sich unter funkelndem Gold vielerorten schlichter Stuck. Auch die riesige Weltkugel aus Lapislazuli ist keineswegs massiv, sondern aus Travertin, verkleidet mit einer millimeterdünnen Edelsteinschicht. Täuschung war Trumpf, nur vollkommen mußte sie sein.

Höhepunkt der Ausstattung ist das theatralische Fresko, das Giovanni Battista Gaulli, genannt Baciccia, an die Decke des Hauptschiffs zauberte. Malerei und Skulptur entfalten hier ein dreidimensionales Trugbild; Wirklichkeit und Illusion sind nicht mehr zu unterscheiden. Scheinbar von Putten getragen, quillt das Gemälde über seinen Rahmen förmlich hinaus und schwebt frei im Kirchenraum, den es nach oben aufzureißen scheint. Fernste himmlische Sphären, in denen das Monogramm Jesu, IHS, aufleuchtet, erhellen das Kirchenschiff wie eine natürliche Lichtquelle; wo ihre Strahlen nicht hinfallen, dunkeln – ganz im Sinne der illusionistischen Realität – tiefe Schatten. Die Seligen steigen zum Licht auf, die Ungläubigen stürzen von den Wolken scheinbar hinab auf die Gemeinde.

Als in den vergangenen Jahren immer mal wieder auch der Stuck auf die Köpfe der Kirchgänger rieselte, ließen die Patres ein Sicherheitsnetz spannen. Bis zum Jubeljahr 2000 soll die Restaurierung von Il Gesù freilich abgeschlossen sein.

Die barocke Revolution, mit der des Himmels Herrlichkeit in Roms Kirchen einzog, prägte wie kein anderer Baustil die Stadtlandschaft. Doch wie bei jedem Triumph gab es auch Opfer zu beklagen: Die frühchristlichen und mittelalterlichen Gotteshäuser erlitten eine radikale Barockisierung. Und wo die neue Baumode einen Bogen oder ein Gewölbe diktierte, machten die Architekten mit der jahrhundertealten

Fresken- und Mosaikdekoration meist leider kurzen Prozeß.

Puristen suchten später zu retten, was zu retten war. Santa Maria in Cosmedin am Fuße des Palatin-Hügels, letzte Station unserer Wanderung durch Roms Kirchenlandschaft, ist das Musterbeispiel einer reromanisierten Basilika. Ihre Ausschmückung besitzt die Patina von Jahrhunderten, ist aber keine hundert Jahre alt.

Die Restauratoren befreiten das Hauptschiff von seiner architektonischen Vergangenheit: Sie demolierten die Barockfassade, entfernten die Stukkaturen, zerstörten die falschen Gewölbe, öffneten die vermauerten Fenster, rekonstruierten den Chorraum und bemalten die drei Apsiden im Stil der Fresken aus der Unterkirche von San Clemente. Zurück blieb eine »originale« Basilika des 12. Jahrhunderts, gerade so als hätte es Gotik und Barock niemals gegeben.

Achthundert Jahre Baugeschichte waren ausgemerzt. Schicht um Schicht, Stein um Stein, Jahrhundertring um Jahrhundertring. Auch das eine Art von Vandalismus. Doch Rom kann das verkraften. Noch jede Epoche hat ja bauend oder zerstörend ihre Spuren hinterlassen. Gerade das Wechselspiel von Dauer und Vergänglichkeit ist das Wesensgesetz dieser Stadt, und nicht ihre Vergangenheit, sondern das Sich-Ablagern immer neuer Gegenwartsschichten macht sie zur Ewigen.

IV.
Römische Treppen

Die Lust der Augen und die Last der Beine

Dem Rom vergangener Zeiten kann man über viele Wege auf die Spur kommen. Das Hinabsteigen in die Vergangenheiten der Stadt mit Hilfe ihrer Treppen zu unternehmen ist, wenn auch nicht die bequemste, so doch eine der reizvollsten Möglichkeiten. Antike oder Mittelalter, Renaissance, Barock oder Rokoko – Treppengeschichte ist Architekturgeschichte.

Die Funktion einer Treppe ist stets die gleiche, ihrer Gestalten dagegen gibt es unzählige. In den antiken Amphitheatern vereinigte sich die Nutzbarkeit der Aufgänge mit der Funktion der Zuschauerränge, insofern als die Stufen gleichzeitig Sitze waren. Eine Stufe ist im Kleinen, was die Treppe im Großen ist: die läufige Verbindung zwischen einem Oben und einem Unten beziehungsweise umgekehrt. Ihr Zweck: den Unterschied zwischen zwei Ebenen auszugleichen.

Höhe und Größe der Stufen werden dabei durchaus nicht von der Willkür bestimmt. Ausschlaggebend für die Auftrittsfläche ist die Länge eines Fußes; die Höhe dagegen richtet sich nach der Bequemlichkeit, die der Baumeister dem Aufsteigenden gewähren will. Die Statistiker haben herausgefunden, daß die durchschnittliche Schrittlänge eines Menschen etwa dreiundsechzig Zentimeter beträgt. Führt der Weg bergauf, verkürzt sich diese Länge um das Doppelte des Steigungsmaßes. In dem Augenblick, wo die Steigung einunddreißig Zentimeter beträgt, sinkt die Länge des Schrittes praktisch auf Null, das heißt, die Treppe wird zur Leiter.

Wir assoziieren, sprechen wir von Treppen, merkwürdigerweise immer den Anstieg, gerade als ob es sich nur um Konstruktionen handelt, die von unten nach oben führen. Daß sie auch umgekehrt funktionieren, wird von unserem Richtungssinn in der Regel vernachlässigt. Fragt man eine Reihe von Leuten, an welche Bewegungsart sie beim Stichwort »Treppe« zuerst denken, antworten neun von zehn: Ans Steigen.

Was für Paris die Brücken, sind für Rom die Treppen. In gewisser Weise könnte man die Ewige Stadt sogar als eigentliche Treppenerfinderin bezeichnen. Doch ist nicht die repräsentative Freitreppe, wie man annehmen könnte, sondern die Wendeltreppe eine typisch römische Erfindung.

In der Antike fand sie zum ersten Mal in den Triumphsäulen Verwendung. Die Wendeltreppe, deren hundertfünfundachtzig Stufen in den carrarischen Marmor der Trajans-Säule geschlagen wurden, dreht sich um eine neunzig Zentimeter dünne Spindel. Sie war die erste ihrer Art und wurde zum Vorbild der Wendeltreppe schlechthin. Obwohl die Säule, deren Durchmesser an der Basis schon nicht mehr als 3,68 Meter beträgt, sich nach oben hin noch verjüngt, behalten die Stufen ihre Breite von gut siebzig Zentimetern bei.

Insbesondere in ihren Tempeln ließen sich die Alten die Anlage der Aufgänge alles andere als leicht werden. Wie Leon Battista Alberti im 1. Buch seiner Baukunst mitteilt, achteten sie stets auf eine ungerade Anzahl der Stufen, »denn sie sagten, man solle mit dem rechten Fuße in den Tempel eintreten; das, glaubten sie nämlich, gehöre zur Gottesfurcht«. Eine Treppe mit dem *maledetto*, dem verwünschten linken Fuß, zu verlassen gilt noch heute vielen, die mit Aberglauben geschlagen sind, als unheilvolles Zeichen.
In den antiken Sakralbauten kam der Treppe als architektonisches Element obendrein Symbolcharakter zu. Die Aufgänge in oder vor Kulthäusern, etwa der Stylobat unter dem Tempel oder die Stufen zum Altar, sollten das Heiligtum über den Erdboden hinaus erheben. Erst später erhielten die Treppen dann auch für Profanbauten zeremonielle Bedeutung.
Das 14. Jahrhundert war die Zeit der Pest, in Italien nicht anders als jenseits der Alpen. Trotz der Verheerungen, die Krankheit und Kriege anrichteten, erlebte die Kunst einen unerwarteten Aufschwung. Kirchen wurden wieder aufgebaut, erweitert, verziert. In Rom ist das eindrucksvollste Bauwerk aus dieser Zeit die Treppe von Santa Maria in Aracoeli.
Sie wurde in Erfüllung eines Pestgelübdes errichtet, und zwar – wie in Rom seit jeher üblich – unter Verwendung von antikem Baumaterial. Der Marmor stammt wahrscheinlich vom ehemaligen Heiligtum des Jupiter auf dem Kapitol oder aber vom Quirinus-Tempel auf dem Quirinal.
Die Bronzestatue des Cola di Rienzo steht nicht von

ungefähr in ihrer unmittelbaren Nachbarschaft. Rienzos Schritte sollen die Stufen im Jahr 1348 eingeweiht haben, und hier fand der ehrgeizige Volkstribun sechs Jahre später auch den Tod, von der aufgebrachten Menge während einer öffentlichen Versammlung ermordet.

Die »Treppe, die zur Kirche Santa Maria in Aracoeli trägt«, beschreibt ein Reiseführer den Aufgang. Von tragen kann jedoch kaum die Rede sein. Diese *scala* muß man erklettern, und zwar im Schweiße seines Angesichts. Was für ein Kontrast! Nebenan die seichten Stufen zum Kapitol, auf denen man kaum den Fuß heben muß, um sie förmlich emporzugleiten, hier der Treppenberg, hoch, steil, abweisend. Was die Kirche ihren Gläubigen mit diesem Anstieg zumutet, würde sich keine weltliche Institution erlauben dürfen, die Besucher blieben aus.

Doch die Mühe lohnt sich. Nicht, weil die Treppe hohe Ansprüche an die Beine stellt. Auch nicht, weil man auf ihr so geschwind den römischen Verkehr hinter – besser: unter sich lassen kann. Es ist einfach ein erhebendes Gefühl, auf der oberen, der hundertvierundzwanzigsten Stufe zu sitzen und den zur Kirche emporstrebenden Signoras ins erhitzte Anlitz zu schauen. Hochroten Kopfes, den Blick fest auf den nächsten Treppenabsatz geheftet, tragen sie ihr Gewicht den Berg hinan, sich manchmal an der Mauer abstützend und womöglich all der Teller Spaghetti gedenkend, die sie in letzter Zeit zuviel gegessen haben. »Oddio!« – und der Atem rasselt.

Im übrigen: Was man in die Höhe steigt, muß man

auch wieder hinuntersteigen. Alte Treppenweisheit. Die Italiener, entdecke ich vor der Kirche auf dem Kapitol, hegen eine Leidenschaft fürs Stufenzählen. Jeder dritte Emporkömmling und ausnahmslos alle Kinder zählen ihre Schritte laut mit.

Der Zustand, in dem das Mittelalter das Kapitol zurückließ, war, was das politische Zentrum der Stadt betraf, katastrophal. Bis Michelangelo kam. Seine Entwürfe gaben dem heruntergekommenen Platz durch Treppen und Paläste das Aussehen, das ihm als einstigem Caput mundi gebührte. Bis dahin hatte der monumentale Aufgang von Aracoeli das Bild beherrscht. Mit ihm in architektonische Konkurrenz zu treten lag dem Buonarroti fern. Er setzte die Akzente bewußt anders.

Seine Freitreppe wurde dann von Giacomo della Porta ausgeführt, der Michelangelos Konzeption modifizierte und die Treppe angenehmer im Aufstieg, mithin als Rampe, vollendet hat. Von oben sieht sie wie eine steil abfallende Straße aus. Die einzelnen Stufen, wenngleich mit weißen Trittsteinen deutlich markiert, verschwinden optisch durch das Gefälle. Schon mancher Fremde, der sie, Hans-guck-in-die-Luft, herunterging, geriet da ins Stolpern. Doch kommt man schwerlich zu Fall, dafür sind die Absätze einfach zu flach und vor allen Dingen zu breit.

Die Strecke zwischen den Kantsteinen ist so bemessen, daß der Durchschnittsfußgänger genau fünf Schritte tut, ehe er den Fuß zur nächsten Stufe heben beziehungsweise senken muß. Auf diese Weise wechseln sich die Füße in der Bewegung des Steigens ab,

was einen unerhört lässigen und ausgewogenen Gang zur Folge hat. Einundzwanzig Stufen, das ist ein Sechstel der Stufenanzahl der benachbarten Treppe, welche – angesichts dieses Verhältnisses erstaunlich – nicht einmal doppelt so hoch hinaufführt.
So bequem die Stufen zu ersteigen sind, zum Sitzen eignen sie sich ganz und gar nicht. Hier gilt das umgekehrte Prinzip: Je steiler eine Treppe, desto bequemer zum Sitzen. Man probiere es nur gleich nebenan aus!
Die Renaissance hat die Treppe aus ihrer untergeordneten Stellung befreit. Aus einer reinen Zweckanlage wurde sie zu einem ästhetischen Gebilde, auf dessen Gestaltung die Baumeister zunehmend Wert legten, bis sie schließlich im Barock zum Liebling der Architektur werden sollte. Die Freitreppe als Auftakt eines Gebäudes, als Ouvertüre sozusagen. Sie gibt in ihrer Schlichtheit oder Prahlerei, in ihrer Großzügigkeit oder Strenge einen Vorgeschmack auf die Architektur des Hauses, zu dem sie führt.
Kein fürstlicher Empfang ohne repräsentative Stufenflucht. Schließlich kommt die Zeremonie von Begrüßung und Verabschiedung erst auf einer geräumigen *scala* so recht zur Geltung. Die Freitreppe führt die Gäste in die Festgesellschaft ein. Je weniger Anspruch dagegen aufs Renommieren erhoben wird, um so schmaler und steiler fallen in der Regel die Stufen aus.
Doch nicht jede Repräsentationstreppe endet, wie sie begonnen hat. Was bei Eintritt in manchen römischen Palast prachtvoll aufsteigt, verwandelt sich

schon nach dem ersten Treppenabsatz in eine drittklassige Stiege – halb so breit, halb so schön und doppelt so hoch.

Die Konstruktion einer Treppe stellt an die Architektur besondere Ansprüche. Im Unterschied zu einem Raum soll sie ja nicht zum Verweilen auffordern, sondern im Gegenteil dem Benutzer die Bewegung, das Hinauf- und Hinabsteigen, zum Genuß machen. In dem Maße, wie im Barock die Bewegung für das Kunstwerk bedeutend wird, rückt die Treppe ins Zentrum des architektonischen Interesses.

Die Wirkung einer Fassade steigt und fällt mit der Erhabenheit ihrer Treppenanlage. Die wohl spannungsreichste Spätbarocktreppe in Rom erhebt sich bei der Basilika Santa Maria Maggiore. Ein Treppenpanorama, eine Landschaft aus Stufen! Keine andere Kirche Roms prunkt mehr mit ihrem Aufgang, und doch ist es recht eigentlich eine Hintertreppe, die sich im Halbrund um die Apsis legt.

Von weitem betrachtet, sehen die Stufen geradlinig aus. Erst der Nähertretende erkennt das behutsame Zurückweichen der einzelnen Absätze. Keine Treppe, die hoch hinaus will, so scheint es. Majestätisch ausufernd lagert sie der gesamten Fassadenbreite vor. Ihre Flachheit entpuppt sich jedoch als optische Täuschung. Einzig die Monumentalität des Kirchenbaus läßt die Stufenflucht so niedrig wirken.

Mit der Entdeckung der bis zur Renaissance nur dem Zweck verpflichteten Treppe als Kunstwerk, als gestaltenswertes Objekt der Ansicht, gewinnt die Aussicht an Bedeutung. Musterbeispiel einer Aussichtstreppe im doppelten Sinne ist die berühmte Spanische. Mit Spanien hat sie freilich nicht das geringste zu tun. Nur dem Umstand, daß sie vom Spanischen Platz aufsteigt, der wiederum seinen Namen von der ebenda gelegenen spanischen Botschaft beim Heiligen Stuhl hat, verdankt die *scalinata* ihr *»di Spagna«*. Weitaus passender müßte sie eigentlich Französische Treppe heißen, geht ihre Errichtung doch unter anderem auf die Stiftung des französischen Diplomaten Etienne Gueffier zurück. Die Mönche des französischen Franziskanerklosters von Trinità dei Monti haben sie in Auftrag gegeben.

Die Bourbonen-Lilien auf Pfeilern und Kugeln machen das Recht der Franzosen auf Roms köstlichste Treppenkaskade noch heute augenfällig. Frankreich war zur Zeit ihrer Erbauung führende Weltmacht, und der luxuriöse Aufgang kann durchaus als eine Manifestation seines Anspruchs auf Einfluß im päpstlichen Rom verstanden werden.

Wo heute ein Obelisk gen Himmel ragt, sollte in einem frühen Entwurf aus dem Jahr 1660 eine kolossale Reiterstatue des Sonnenkönigs stehen, weithin sichtbar, zur Verherrlichung der französischen Monarchie, und sozusagen als Pendant zum berühmtesten Reiterstandbild der Ewigen Stadt. So wie der römische Imperator Marc Aurel das Kapitol beherrscht, sollte der Pincio-Hügel vom französischen Imperator Ludwig XIV. dominiert werden. Dieses Vorhaben scheiterte, wie sich denken läßt, am Einspruch des Papstes. Und so reitet Berninis kolossaler Ludwig heute lediglich durch den Park von Versailles. Das Terrakottamodell der Skulptur kann in der Galleria Borghese bewundert werden.

Bereits im Jahr 1577 hatte sich ein Papst mit dem Gedanken getragen, eine Treppe vor der Kirche Trinità dei Monti anzulegen, und zwar eine ebensolche wie die vor Santa Maria in Aracoeli. Es sollten jedoch noch hundertfünfzig Jahre vergehen, bis die Treppe Gestalt annahm, eine gänzlich andere, als sie der Papst im Sinn gehabt hatte. Tatsächlich mußte er am Ende die Entscheidung über Bau und Form der *scalinata* dem französischen König überlassen.

Am Kapitol steiles Quattrocento, hier leichtfüßiges Rokoko. Das heißt, ob die Treppe tatsächlich rokoko genannt werden darf, darüber diskutieren die Kunsthistoriker noch heute. Gewiß ist immerhin, daß sie zwischen 1723 und 1726 von Francesco De Sanctis erbaut wurde, dessen endgültiger Entwurf sich an der inzwischen zerstörten Anlage des Ripetta-Hafens von Alessandro Specchi inspirierte.

Die Zeugnisse des Rokokos können in Rom an einer Hand abgezählt werden. Wie sehr die Spanische Treppe diesem Stil verpflichtet ist, macht der an einen Pokal erinnernde Grundriß deutlich. Die *scalinata* besitzt keine steil hinaufführende Vertikale, sondern ist eher quer orientiert. Spielerisch verengt sie sich gegen den ersten Absatz, verbreitert sich dann zur Mitte hin fast auf das Doppelte und mündet schließlich in eine Stufenflucht, die zuletzt in zwei sich voneinander entfernende Treppenstraßen fließt.

Das architektonische Spiel überrascht stets aufs neue. Nicht nur, daß die Breite der Aufgänge ständig variiert und der Weg mal in diese, mal in jene Himmelsrichtung führt. Die Stufenläufe selbst ändern sich beständig, sind mal konkav, mal konvex geschwungen oder einfach gerade. Die Lust der Augen läßt einen die Last der Beine vergessen.

Die bewegte Formenvielfalt ist ein Charakteristikum der Rokoko-Architektur. Eine sich mehrfach wiederholende Dreiteilung setzt die Treppe in Bezug zur heiligen Dreifaltigkeit *(trinità)*. Merkenswert der Umstand, daß man sie von keinem Punkt aus in ihrer Gesamtheit zu überblicken vermag, immer verdeckt eine Plattform den nächstunteren Teil.

Was Leon Battista Alberti an Treppenkonstruktionen der Antike lobt, gilt auch für die Spanische. Zwischen die kurzen Stufenläufe fügte man »sehr vernünftigerweise einen Ruheplatz, damit Erschöpfte und Schwache die Anstrengung des Ansteigens durch Ruhepausen unterbrechen könnten; und falls jemand beim Steigen stürzte, man Gelegenheit hätte, die Heftigkeit des Sturzes zu mildern, sich zu erfangen und zu erholen«. Von den hundertachtunddreißig Stufen, die sie in ihrer vollen Ausdehnung mißt, müssen nie mehr als zwölf auf einmal gestiegen werden, dann lädt ein Absatz zur Rast ein.

Die Ruheplätze sind es auch, die die Spanische Treppe zu einem zweckentfremdeten Monument machen. Laut einer lateinischen Inschrift erbaut, um den Aufstieg zur Kirche zu erleichtern, steht sie mittlerweile in dem Ruf, mehr ein Abstieg des Irdischen denn eine Himmelsleiter zu sein. Sie vereinigt die Funktionen von Empfangszimmer und Wartesaal, ist Spielplatz,

Liegewiese, Schreibstube, Leseecke, Konzertsaal. Nur Picknickstätte ist sie seit neuestem nicht mehr. Darüber wachen in regelmäßigen Kontrollgängen die *vigili urbani*. Und natürlich kann man auf ihr auch ganz gewöhnlich herabsteigen. Das bereitet überhaupt am meisten Vergnügen.

Treppen bestimmen den Gang. Jede hat ihren Rhythmus, der durch Stufenhöhe und Anzahl der Absätze das Tempo der Schritte wenn nicht vorschreibt, so doch unverkennbar beeinflußt. Die Spanische kann man gar nicht anders als hinunterschreiten. Ebenso wie die Kapitolinische Rampe zwingt sie zu einem betont gemessenen, ja würdevollen Abgang. Wer sie, je zwei Stufen auf einmal nehmend, hinunterhetzen wollte (doch wer will das schon!), würde sich beide Beine brechen. Nicht nur, weil der Travertin von den vielen Füßen glattgeschmirgelt wurde, die Stufenkanten selbst sind abgerundet, was das Risiko des Ausgleitens erhöht, aber eben auch zum Schreiten einlädt.

Einmal im Jahr erküren Italiens Modeschöpfer die »Treppe der Treppen« zum Laufsteg ihrer Mannequins und dekorieren sie zu diesem Zweck mit Bäumen, falschen Obelisken und manchmal sogar mit Springbrunnen.

Als Laufsteg hat die *scalinata* übrigens Tradition: Im 19. Jahrhundert engagierten Roms Maler hier die Modelle für ihre Bilder. Charles Dickens hat sie alle noch gesehen: das ehrwürdige oder auch patriarchalische Modell mit wallendem, weißem Haar und üppigem Bart, das *Dolce-far-niente*-Modell im blauen Mantel oder den finster dreinblickenden Menschen mit

Schlapphut, ein Mordbuben-Modell, wie es im Buche steht.

Der Star unter den Mädchen war Vittoria Caldoni, die unter anderem für Friedrich Overbecks berühmtes Gemälde *Italia und Germania* posiert haben soll. Heute ist die Dame in der Neuen Pinakothek in München zu sehen.

Nicht jede Treppe wird in Rom zu Fuß begangen. Die Scala Santa in einem Gebäude gegenüber der Kirche San Giovanni in Laterano ist gewiß die meistbekniete Treppe der Welt. Einer Überlieferung zufolge ist Jesus sie hinaufgestiegen. Ihre Überführung aus dem Hause des Pontius Pilatus nach Rom erfolgte im Jahr 326 angeblich auf Veranlassung der Kaiserin Helena, Mutter Konstantins des Großen. Seit ihrer Aufstellung in der Ewigen Stadt tun hier die Gläubigen öffentlich Buße.

Kirchliche wie weltliche Fürsten sind sie emporgekniet, barfuß und das Haupt voll Asche. Nur Martin Luther, so heißt es, soll auf halbem Wege aufgestanden und die Treppe wieder hinuntergegangen sein. Aufrecht.

Achtundzwanzig Stufen aus weißem Marmor. Und wären es zehnmal soviel, sie würden mit nicht weniger Inbrunst erkniet werden. Wer sich Mühe gibt, kann noch die auf dem Stein haftenden Blutstropfen (auf der zweiten, der elften und der achtundzwanzigsten Stufe) erkennen.

Die Hoffnung auf Erlösung von den Sünden ließ die Treppe zu einem wichtigen Wallfahrtsziel werden. Mit jeder Stufe, die die Gläubigen betend hinaufstiegen, wurden ihnen soundso viele Jahre Ablaß zugesichert. Legten sie den Weg kniend zurück, vervielfachte sich die Zahl der Jahre entsprechend. »Zu den üblichen Bedingungen« – verspricht heute eine neben der Treppe angebrachte Tafel in fünf Sprachen – »kann man folgende Ablässe erlangen: Vollkommener Ablaß an jedem Freitag der Fastenzeit, am Karfreitag und einmal im Jahr nach eigener Wahl. Teilablaß an allen anderen Tagen des Jahres, vorausgesetzt, daß man vollkommene Reue empfindet.«

Der, wie es im Mittelalter hieß, »ehrwürdigste Ort Roms und der Welt« lag zunächst an der nördlichen Außenseite des alten Lateranpalastes. Der Andrang der Bußetuenden soll so stark gewesen sein, daß die Scala Santa später ein eigenes Gebäude erhielt.

Bald jedoch galt es, die Stufen selbst zu schützen, denn Marmor ist, wie die Füße so mancher Heiligenstatue beweisen, keineswegs ein unverwüstlicher Stein. Genügen bereits die Küsse unzähliger Gläubiger, um ihn abzutragen, wie erst das Schlurfen der Schuhe! Hinzu kommt die Gier nach Reliquien, die in der Vergangenheit nicht wenige fromme Pilger dazu verführt hat, der Treppe vermittels eines harten Gegenstandes einen steinernen Splitter abzuschlagen.

Um die Scala Santa vor weiterer Zerstörung zu schützen, ließ man sie im Jahr 1723 mit einer zweiten Treppe aus Nußbaumholz verkleiden. Ist diese durchgewetzt, was nicht mehr lange dauern dürfte, wird sie wohl durch eine neue ausgewechselt werden.

Am Ende der römischen Treppengeschichte steht wieder eine Wendeltreppe. Was die Bequemlichkeit angeht, ist der im Jahr 1932 vollendete Scalone Elicoidale, der zu den Vatikanischen Museen führt, von der Trajanschen Wendeltreppe freilich so weit entfernt wie eine Freitreppe von einer Leiter. Ihr Vorbild fand die raffinierte Doppelspindel des Architekten Giuseppe Momo (eine »zweiarmig gegenläufige Rampe«, wie der Fachmann sagt) in der von Antonio da Sangallo dem Jüngeren entworfenen *scala* im Brunnen San Patrizio zu Orvieto.

Der Scalone Elicoidale besteht aus zwei Wendelgängen, einer für den An-, der andere für den Abstieg, dergestalt, daß sich Auf- und Absteigende an keiner Stelle begegnen. Sie sind voneinander getrennt, als ob sie sich in verschiedenen Räumen bewegten, und gehen doch im Abstand von nur wenigen Metern aneinander vorbei. Es wird einem ordentlich schwindelig, die sich aufwärts windende Menschenspirale ineinander verschlungen mit der abwärts gehenden zu beobachten.

Wie bei einer Schnecke beginnt die Schraubung der Treppe im Zentrum schmal, dehnt sich aber zum Ausgang hin, der in diesem Fall der Eingang zu den Museen ist, auf ein Vielfaches aus. Zentimeter um Zentimeter wachsen auch die Stufen. Von einem halben Meter an der Basis verbreitert sich ihre Tiefe bis auf fast drei Meter. Gleichzeitig nimmt ihre Höhe ab: von sechzehn Zentimetern am Treppenfuß bis auf lächerliche fünf Zentimeter am Gipfel.

Attenzione ai gradini! (Vorsicht Stufen!) warnt dort eine Tafel die Absteigenden. Nicht umsonst. Der Scalone Elicoidale ist geradezu die Negierung dessen, was das Wesen einer Treppe ausmacht. Hier wird Oben zu Unten und Unten zu Oben, ohne daß man die Stufen wahrnimmt. Gelänge das doch jeder Treppe.

V.
Römische Gärten

Wo die Zitronen blühen

Die *Sehnsucht nach Gärten,* wo die Zitronen blühn und im dunklen Laub die Gold-Orangen glühn, hat schon manchen Gartenfreund nach Italien geführt. Sein Bäumchen am heimischen Fenster brachte es noch nie zur Blüte, geschweige denn zur Frucht, trotz Düngers und drängender Liebe. Auf dem Palatin, in den Farnesischen Gärten, wird er endlich fündig. Hier wachsen ihm die Orangen förmlich in den Mund. Sauer schmecken sie, auch ein wenig bitter, und er spuckt zwei Dutzend Kerne aus. Aber das stört den Nordländer nicht. Die Wirklichkeit ist eben nie so vollkommen wie der Traum. Und sein Traum vom Garten hat sich in Rom erfüllt.

Duftende Mimosen, zarter Hibiskus, leuchtender Oleander: Pflanzen, die man in Deutschland nur hinter Glas zu sehen gewohnt ist, blühen in Rom am Straßenrand. Zwischen den parkenden Autos in der Via Bissolati reifen Mandarinen, und während der Passionszeit grünen auf der Via della Conciliazione sogar Ölbäume. Es gedeiht das glückliche Arkadien auch in der Stadt – und wenn's sein muß, im Blumentopf.

Wo die Natur keinen Platz mehr am Boden fand, eroberte sie die Dächer. Doch wer sich entschließt, das verlorengegangene Paradies auf vier Quadratmetern

im sechsten Stock wieder aufzubauen, darf weder Kosten noch Mühe scheuen. Beim *vivaio*, der Gärtnerei um die Ecke, findet er das notwendige Zubehör, Kübel aus *terracotta*, Erde, Dünger und natürlich die Pflanzen, so verführerisch blühend, daß er einfach nicht widerstehen kann und sich finanziell leicht ruiniert.
Flammendrote Kamelienbäume, himmelblaue Hortensien, schneeweißer Jasmin nebst einer Kollektion von Spaliergewächsen beziehen schon bald das Dach. Jetzt muß er nur noch gießen, und die Ernte ist ihm sicher. Von Trauben bis zu Kiwis reift auf römischen Terrassen alles; die Hängenden Gärten von Babylon haben arge Konkurrenz bekommen.
Die Römer haben den Garten nicht erfunden, doch verbreiteten sie sein Konzept und seine Techniken über ganz Europa. Die Feldherren lernten die Gartenkultur von den Völkern, die sie unterwarfen, von ihren Eroberungszügen brachten sie zahllose Pflanzensouvenirs mit nach Hause. Lukullus importierte aus Asien den Kirschbaum, aus Zypern kam der schmückende Lorbeer, aus Griechenland die duftende Myrte. Exoten wie Granatapfel, Feige und Aprikose nahmen Besitz von der Ewigen Stadt.
Nicht zufällig kam die Gartenmode in dem Moment auf, als die Römer begannen, ihre Stadt nach monumentalen, urbanistischen Gesichtspunkten zu systematisieren. Schon die Imperatoren betrieben eine Art sozialer Grünflächenpolitik und schufen öffentliche Parks, Oasen für die Massen, die in den heillos übervölkerten Quartieren nach frischer Luft und kühlem

Schatten lechzten. Aus der Stadt in die Natur fliehen oder die Natur in die Stadt verpflanzen – zwischen diesen Gegensätzen entwickelte sich fortan die Geschichte des römischen Gartens.

Die High-Society investierte in Parkgrün. Seine Anlage war eine Frage des Reichtums, sein Besitz eine Frage der Macht. Und wer keinen Garten sein eigen nennen konnte, ließ sich einen malen. Die Wände der Häuser überzogen sich mit imaginären Landschaftspanoramen, eine Art Vorläufer der Fototapete, mit der sich Großstadtbewohner heute die Atmosphäre kanadischer Wälder oder karibischer Palmenstrände ins Wohnzimmer holen.

Während die lebendigen Gärten der Antike vergangen sind, überlebten die künstlichen. Den schönsten bewahrt das Museo Nazionale Romano in seiner neuen Dependance, dem Palazzo Massimo in Bahnhofsnähe.

Ein wandfüllendes Fresko verzauberte das Haus der Livia seinerzeit in ein illusionistisches Eden, so wie Vergil es besang: »hier prangt mit Früchten die Flur (...) Hier blüht dauernder Lenz, hier strahlt fast zeitloser Sommer.« Hinter niedrigem Gartenzaun grünt ein Hain von Lorbeer, Palmen, Zypressen; es leuchten im dunklen Laub die Quitten und Granatäpfel, und in den Zweigen naschen davon verschiedenartige Vögel.

Neben Pfauen dekorierten die Römer ihr Parkgrün mit Kunstwerken, die sie in den unterworfenen Provinzen beschlagnahmt hatten. Sammler gaben an mit Skulpturen des Praxiteles und des Phidias, aus dem

Garten wurde ein Statussymbol. Pflanzen, Tiere, Marmorgötter – alles diente der Selbstdarstellung. Üppiger Blumenschmuck fehlte dagegen. Abgesehen von Rosen (drei Sorten soll es seinerzeit gegeben haben) schien sich das Sortiment der Gärtner auf ein halbes Dutzend Varietäten zu beschränken. Das duftende Veilchen gehörte ganz sicher dazu, Lilien, Nelken und wohl auch die Jungfer-im-Grünen, alles Wildblumen, die aus der römischen Campagna in die Gärten einzogen.

Je weiter sich die antike Millionenstadt ausdehnte, um so mehr schrumpfte der Gröngürtel. Die Grundstückspreise stiegen, und der Besitz der Kaiser expandierte. Nero nutzte den Brand von Rom, um flugs sein Anwesen zu vergrößern. Ein Garten reichte ihm nicht, es mußte schon ein veritabler Landschaftspark sein, mit Seen, Wiesen, Wäldern, die laut Tacitus »nach Art der Wildnis« angelegt waren.

In gewisser Weise haben Neros Architekten Severus und Celer den englischen Garten erfunden, das heißt: eine nach allen Regeln der Natürlichkeit inszenierte Kunstlandschaft, die allerdings mitten im Stadtzentrum lag, keine hundert Schritte hinter dem Forum Romanum.

Die Gartenkunst der Antike erreichte ihren Höhepunkt im ersten nachchristlichen Jahrhundert. Und was die Römer begonnen hatten, setzten dann die Mönche des Mittelalters fort. Die monumentalen Grünanlagen des Imperiums waren zerstört, doch die Gartenkultur der Ewigen Stadt blühte im Verborgenen weiter.

Die Klöster fungierten im doppelten Sinn als Pflanzstätten der Bildung: Zum einen retteten sie in ihren Bibliotheken die gartentheoretischen Schriften der Antike, zum anderen verbesserten sie die Bodenbearbeitungsmethoden und trugen das Wissen durch ganz Europa.
Die Bestellung von Feld und Garten war strenge Ordensregel. Wo sich Mönche niederließen, unterwiesen sie die Bevölkerung in Landwirtschaftstechnik und sorgten durch mitgenommene Sämereien, Stecklinge, Zwiebeln und Knollen für die Verbreitung von Arten und Sorten.
Ihren Hortus kultivierten die Fratres indes nicht dem Auge, sondern der Gesundheit zuliebe. Um Aufnahme in die Sammlung zu finden, mußte eine Pflanze heilen oder zumindest gut schmecken, Schönheit allein reichte nicht aus.
Heute sind Roms Klöster nicht mehr auf die Versorgung aus eigener Landwirtschaft angewiesen, gleichwohl bestellt der Klerus seine Beete noch immer hingebungsvoll. Die Klostergärten auf dem weltabgeschiedenen Caelius-Hügel oder – versteckt von hohen Mauern – hinter dem Angelicum mitten im *centro storico* zählen zu den Einmaligkeiten der Ewigen Stadt.
Keine fünfhundert Meter von der Piazza Venezia entfernt seine Kartoffeln anbauen zu dürfen ist ein Privileg – die Mönche wissen das. Zucchini, Auberginen, Tomaten gibt es dieses Jahr satt, und auch die Zitronenbäume versprechen reiche Ernte, nur mit den Bohnen will es gar nichts werden. Der Acker muß ge-

pflügt, Salat gesät, der Komposthaufen erweitert werden – viel Arbeit, aber es lohnt sich.
Der Klostergarten der Dominikaner wirkt wie ein Relikt vergangener Zeiten, als zwischen den sieben Hügeln noch Wein reifte und auf dem Forum Romanum Kühe weideten. Und glücklich schätzen sich die Anwohner der schmalen Via Baccina, genießen sie von ihren Dachterrassen doch den Blick über die gesegneten Felder.
Wenn im Abendsonnenschein die Mönche in weißen Gewändern zwischen den Beeten umherwandeln, hier an einer Rose schnuppern, dort ein Kräutlein zupfen, wähnt man sich wie auf dem Lande, nur daß im Hintergrund das Kolosseum ragt.
Die Renaissance sollte die antike Kunst, ein Stück Natur nach architektonischen Regeln zu gestalten, neu formulieren: »Die Baumreihen werden in einer Linie, in gleichen Zwischenräumen, und einander entsprechenden Winkeln gesetzt, wie man sagt: nach dem Fünfauge«, so der Architekturpapst des 15. Jahrhunderts, Leon Battista Alberti. »Außerdem werden Kreise und Halbkreise und jene Figuren, welche man bei den Grundflächen der Gebäude gutheißt, aus Lorbeer-, Zitronen- oder Wacholderbäumen mit abgebogenen und sich gegenseitig verschlingenden Zweigen geschlossen werden.«
Die Einzelpflanze spielte in diesem Konzept keine Rolle mehr. Ihre Eignung als formbares Material entschied über ihren Platz im Garten. Strenger Grundriß, gestutzte Bäume, geometrische Beete – die Idee des italienischen Gartens war geboren! Päpste und

Kardinäle setzten dieses Modell im Laufe der folgenden hundert Jahre in die Praxis um.
Den schönsten Renaissance-Garten birgt die Villa Giulia an den Hängen des Pincio-Hügels, wo sich heute auch das Nationalmuseum der Etrusker-Kunst befindet. Nach antiker Tradition bezeichnet der Ausdruck *villa* im Italienischen nicht ein einzelnes Gebäude, sondern ein Ensemble aus herrschaftlichem Landhaus und Park.
Mit ihren anmutigen Gartenhöfen, freskengeschmückten Säulengängen, heckengerahmten Beeten, skulpturverzierten Brunnen und künstlichen Grotten im bühnenartigen Nymphäum greift die Villa Giulia den klassischen Villentyp der Antike auf, ein erquickender Aufenthaltsort.
Hohe Pinien überdachen die grüne Architektur und spenden den im Sommer so begehrten Schatten. Baukunst und Natur fanden hier zu einer neuen Einheit: Keines ist mehr des anderen Beiwerk, die Linien des einen setzen sich im anderen fort, beide zusammen bilden ein harmonisch geschlossenes Ganzes.
Wenn in lauen Sommernächten das Orchester der Accademia di Santa Cecilia den Gartenhof in einen Konzertsaal verwandelt, wenn der Vollmond über den Baumkronen hängt und die Klänge von Ottorino Respighis symphonischer Dichtung »Römische Pinien« durch den Park wehen, hat die Wirklichkeit den Traum eingeholt.
Der Garten der Villa Giulia erscheint fast als zusätzlicher Wohnraum, der Luft und Licht garantiert, aber auch Schutz vor einem Zuviel an Wind und Sonne

bietet. Er offenbart die Beziehung der Renaissance zur Natur. Empfindsamkeit und romantische Sehnsucht nach unberührter Wildnis waren den Zeitgenossen des 16. Jahrhunderts völlig fremd und sind es den Italienern im Grunde auch heute noch. Ihre Gartenanlagen sind nicht Flucht zur Natur, sondern Flucht vor ihr! Hier können sie die Natur in aller Bequemlichkeit genießen, ohne sich ihr körperlich auszuliefern. Die Gestaltung eines Gartens mußte vor allem das Klima berücksichtigen, wichtigste Aufgabe war es, Schatten und Kühle zu spenden.

In seiner Trinität aus Stein, Pflanze und Wasser wurde der *giardino all' italiana* zum Gesamtkunstwerk, zum Sinnbild des Einklangs zwischen Natur und Kultur, in dem das vegetabilische Element gleichberechtigt neben dem der Architektur und der Bildhauerei stand. Die gezähmte Natur erhielt durch die künstliche Ordnung und durch anspielungsreichen Skulpturenschmuck symbolischen Sinn; sie wurde veredelt, überhöht, vergeistigt.

Blumen waren aus diesem Konzept weitgehend ausgeschlossen, ihre zyklische Vergänglichkeit machte sie den Schöpfern der italienischen Gärten suspekt. Von Haus aus Baumeister und nicht Gärtner, zielten sie auf eine statische Wirkung ihrer Werke und bevorzugten immergrüne Gewächse wie Steineichen, Zypressen, Pinien, Lorbeer, Taxus, Buchs, nicht zu vergessen Zitrusbäume, die der Vergänglichkeit entzogen schienen. Es ist erstaunlich, mit wie wenigen Pflanzenspezies der klassische italienische Garten auskam. Der Inhalt war nichts, die Form alles!

Den ersten Meilenstein einer konsequenten Geländegliederung mit architektonischen Mitteln legte Donato di Pascuccio, bekannt als Bramante, im Jahr 1503 mit seinem Projekt für den Vatikanischen Garten. Aus der Not steilen Gefälles machte der Baumeister eine Tugend und führte das Element »Treppe« in die Gartenkunst ein. Sein System aus Freitreppe, Terrassen und Rampen machte den Belvedere-Hof zum Prototyp eines architektonisch gestalteten Landschaftsraumes, nach Ansicht des Architekten, Malers und Kunstkritikers Giorgio Vasari eine so schöne Erfindung, »daß man der Meinung war, Rom habe seit der Antike bis damals hin nichts Besseres gesehen«.
Während Bramantes exemplarische Schöpfung heute hoffnungslos verbaut ist, erhielt sich das im Jahr 1561 vollendete sogenannte Kasino Pius' IV. Das mit bunten Mosaiken, Stuckreliefs und Skulpturen reich geschmückte Gartenschlößchen fungierte als päpstliches Refugium.
In der Mitte des ovalen Innenhofes plätschert ein Puttenbrunnen, Bänke laden zum Ausruhen ein, und das Auge freut sich an zierlichen Tierbildern aus Muscheln und Kieselsteinen. In großen Steinpokalen grünen Agaven, merkwürdige Gewächse, die ihr langes Pflanzenleben in einer einzigen Blüte gipfeln lassen, um dann zu sterben.
Jeder Papst modellierte die Vatikanischen Gärten nach seinem Geschmack und seinen Gewohnheiten um und weiter. Einer ließ sittenstreng die nackten Skulpturen entfernen, ein anderer Dattelpalmen und Bananenstauden pflanzen, ein dritter die Gartenwege

asphaltieren, denn er absolvierte seine Spaziergänge bevorzugt im Auto. Johannes Paul II. schließlich ergänzte den Park um einen Hubschrauber-Landeplatz und die Terrasse seines Palastes um einen Swimmingpool – die hatten nämlich noch gefehlt.

Bis vor einigen Jahren waren die Gärten, die vom *orto*, dem traditionellen Küchengarten, über den Steingarten bis zum Landschaftspark zahllose Gartenformen vereinen, für den Besucher tabu. Heute können sie nach Anmeldung und in Begleitung eines Führers besichtigt werden. Die Eintrittsgebühren übertreffen allerdings die der Vatikanischen Museen, und die Bekleidungsvorschriften sind so streng wie in der Peterskirche.

Im Park des Papstes wächst kein Grashalm ohne die Erlaubnis der Gärtner. Fünfundzwanzig Angestellte halten die Natur in Schach. Mit ungeheurem Aufwand! Ist der Rasen, der aus Prinzip nicht Wiese sein darf, länger als fünf Zentimeter, wird er akkurat rasiert. Dafür leuchtet sein Teppich selbst im Sommer noch grün, wenn alle anderen römischen Grasflächen längst zur Steppe verbrannt sind.

Die Gärtner beschneiden die Magnolienbäume zu monumentalen Kerzen und zeichnen das Wappen des jeweils regierenden Papstes mit Buchsbaum auf den Rasen – Ausdruck absoluter Herrschaft über die Natur. Die Pflanzen benutzen sie meist nur als Passepartout für die Architektur. Exemplarisch ist die blühende Hommage an die Peterskirche. Jasmin wurde zu vier Meter hohen Bögen gezwungen: ein perfekt passender Rahmen für Michelangelos Kuppel!

Selbstverständlich wird im Vatikanstaat auch das Wetter vom Menschen gemacht. An die achtzig Kilometer Länge soll die Wasserleitung messen, die den Hügel kapillarisch durchzieht. Abertausend unsichtbare Düsen lassen es jeden Tag zu festgesetzten Zeiten regnen.

Aus der Stadt zurück aufs Land. Vor den – damaligen – Toren Roms entstanden im 17. Jahrhundert die Parkanlagen der Papstnepoten und Kardinäle. Die Kleinteiligkeit des Renaissance-Gartens wurde zugunsten imposanter Effekte aufgegeben. Weiträumige Baumalleen unterwarfen sich der Perspektive, großangelegte Brunnen und vielerlei Skulpturen akzentuierten die Fluchtpunkte, alles erschien nach ästhetischen Gesichtspunkten großzügig arrangiert.

Die Schöpfung für den Kardinal Scipione Caffarelli Borghese war die erste römische Parkanlage großen Stils, geschaffen zum Genuß der frischen Luft. Mauern grenzten das riesige Terrain gegen die ungebändigte Natur ab, regelmäßige Baumpflanzungen und ein axiales Wegesystem organisierten Hügel und Täler dergestalt, daß ein Bild harmonischer Ordnung entstand.

Das Beste aber war, daß jedermann freien Zutritt zu dieser Kunstnatur hatte: »Gehe, wohin du willst, pflücke, was du willst, entferne dich wieder, wann du willst. Mehr selbst als für den Eigentümer ist hier alles für den Fremdling bereitet«, so lud eine Inschrift den Wanderer ein. Doch warnte sie zugleich: »Derjenige aber, der boshaft und vorsätzlich der Urbanität goldnes Gesetz verletzt, fürchte, daß der erzürnte Aufse-

her ihm der Gastfreundschaft geheiligte Zeichen verbrenne.«
Skulpturen und Brunnen locken nicht nur schattensuchende Spaziergänger, sondern auch Vandalen an. Und die unablässig in Metamorphosen begriffene Natur zerstört auf Dauer ebenfalls die kunstvolle Ordnung. Nach Reih und Glied gesetzte Bäume wachsen dreist gen Himmel, Sträucher verwildern zum Dickicht, perspektivische Achsen verlieren sich im Laufe der Zeit im Unterholz.
Wie die meisten historischen Gartenanlagen ist auch die Villa Borghese heute nur noch ein Relikt ihres ursprünglichen Zustandes. Jahrzehntelang war der großartige Park sich selbst überlassen, zu seiner Erhaltung wurde wenig getan. Doch seit auf dem Kapitol eine grüne Stadtverwaltung regiert, weht frischer Wind.
Im 17. Jahrhundert markierten die historischen Villen die Richtungen, in die sich die Stadt dann später ausbreiten sollte. Heute sind sie neben den archäologischen Stätten die einzigen öffentlichen Parkanlagen in Rom.
Ende des 19. Jahrhunderts, nachdem die englische Gartenmode auch den letzten italienischen Garten in einen Landschaftspark verwandelt hatte, kommt es in der Villa Sciarra auf dem Gianicolo-Hügel zu Ansätzen einer Neorenaissance – kurioserweise ausgerechnet auf Veranlassung eines Amerikaners.
Ginkgo, Zedern, hundert verschiedene Palmenarten, zum Teil an die dreißig Meter hoch, Statuen und Bänke in Hülle und Fülle – die Möblierung des

Parks spottet jeder Beschreibung. Die phantastischen Brunnen stöberte unser nostalgischer Amerikaner in einer Mailänder Villa auf und ließ sie nach Rom transportieren. Außerdem dekorierte er seinen grünen Traum mit künstlichen Ruinen, derlei gehörte seinerzeit einfach zur Grundausstattung eines zünftigen Gartens.

Im Heckenbeet, den Kopf stolz zum Himmel erhoben, öffnet ein grüner Pfau sein Rad. Die Mode, Büsche und Bäume zu Tierskulpturen oder geometrischen Formen zu scheren, ist freilich kein amerikanischer Spleen, sondern stilechte römische Antike und findet sich bereits bei Plinius dem Älteren im 16. Buch der Naturkunde beschrieben.

Die Renaissance entdeckte die sogenannte Topiaria-Kunst wieder, der Barock machte sie zur Essenz seiner Gärten. Spätere Jahrhunderte jedoch verpönten sie als Vergewaltigung der Natur, obwohl das regelmäßige Stutzen von Buchs eigentlich nicht unnatürlicher ist als das monatliche Rasenmähen. Mit Ausnahme der Villa Sciarra sind Tierskulpturen heute aus römischen Gärten verschwunden.

Bis vor einigen Jahren spazierten neben den Pflanzenvögeln auch echte Pfauen durch den Park, ganz so wie im alten Rom. Doch eine Katzenkolonie verdrängt inzwischen die Ziervögel. Die Mitglieder, Prachtexemplare ihrer Rasse, werden ausnahmsweise nicht von katzenliebenden Matronen, sondern auf Kosten der römischen Stadtverwaltung gepäppelt und stehen überraschend gut im Futter.

Blumenfans kommen dagegen in der Villa Sciarra

nicht auf ihre Kosten. Tulpenteppiche, Narzissenwiesen, der ganze Reichtum leuchtender Beetornamente, der in französischen und englischen Parkanlagen prangt, fehlt in den römischen Gärten. Abgesehen von einigen unverwüstlichen, pflegeleichten Dauerblühern wie Tagetes oder Begonien. Das Klima verbietet Blumenpflanzungen großen Stils, was jedoch keineswegs bedeutet, daß es in Rom nicht üppig blüht. Im Frühling überschwemmen Kaskaden blauer Glyzinien die Vorgärten mit süßem Duft, Bougainvillea kleidet bald darauf die Mauern purpurfarben, im Juni öffnen die Magnolien ihre tellergroßen, porzellanartigen Blüten, im Juli die Albizia julibrissin ihre rosaroten Puscheln, und bis zum Herbst leuchtet der Oleander in allen Tönen von Marmorweiß bis Rubinrot.

Ein Garten vor allem entschädigt für die Blumenleere der anderen. Die Stadtväter wußten, was sie taten, als sie in den fünfziger Jahren den römischen Roseto in Sichtweite des Palatins anlegen ließen. Auf diesem Hügel wohnten einst die Imperatoren, die ihre Rosen in exklusiven Gärten kultivierten. Die Königin der Blumen war im Altertum Venus, Göttin der Liebe und der Schönheit, geweiht.

Im Jahr 1931 schenkte die Amerikanerin Mary Senni der Stadt ihre Kollektion, Grundstock eines betörenden Blütengartens, wie er heute in Italien nicht seinesgleichen hat.

Rosenzüchter aus der ganzen Welt nehmen an dem jährlich stattfindenden Wettbewerb »Premio Roma« teil, entsprechend international ist die Bewohnerschaft des Gartens. An die fünftausend Rosenstöcke drängen sich auf engstem Raum, jeder mit einem Schild ausgezeichnet, viele davon preisgekrönt. In der oberen Abteilung blühen die antiken Sorten, in der unteren die modernen Hybriden.

Betrunken von Duft und Farben, tritt der Spaziergänger von Busch zu Busch, von Blüte zu Blüte: »A rose is a rose is a rose …« Und nicht nur die Pflanzen, der Garten selbst erscheint wie ein Gleichnis! Das Gelände am Aventin gehört der israelischen Gemeinde Roms und beherbergte früher den Friedhof des Ghettos. Die Beete zeichnen im Grundriß die jüdische Menora nach, die Rosen gedeihen auf geweihter Erde.

Dieser schönste Garten Roms ist zugleich der vergänglichste. Keine zwei Monate dauert das Wunder, dann ist es verblüht. Farben, Formen, Düfte – alles dahin. Zurück bleibt ein Haufen dorniger Sträucher auf kahler Erde.

Jetzt wird es Zeit, zurückzukehren in die Villenparks, zu den Steineichen und Lorbeerbäumen, den Zypressen und Taxushecken. Sie sind, was sie immer waren: grün, und das ist in Rom im August schon viel!

Von der Hitze erschlagen, liegt man unter einem Pinienschirm, atmet den würzigen Duft der Nadeln, lauscht dem Murmeln der Brunnen, dem Singsang der Grillen und sieht das marmorne Satyrnpaar tanzen. Die Luft steht still, doch der römische Garten lebt.

VI.
Römisches Bestiarium

Gemalt, gemeißelt und gegossen

Fotosafari in Rom. Geboten werden Löwen, Tiger, Elefanten, Wölfe sowie andere Bestien mehr, und alle halten still, wenn man auf den Auslöser drückt. Tiere in Rom – nicht von Straßenkatzen oder Tauben ist die Rede, sondern von den Kunst-Tieren, die gemalt, gemeißelt und gegossen die Ewige Stadt zu Tausenden bevölkern. Auf Treppen, Brunnen, Friesen hocken sie, tummeln sich in Gärten und Grünanlagen, Kirchen und Katakomben, und natürlich in den Museen.

Wohlgemerkt: Das Tier der Kunst ist ein anderes als das Tier der Zoologie. Während diese nur einen Löwen kennt, begegnet man in der Kunst unzähligen – alle sind verschieden und heißen doch alle Löwe.

Der Artenreichtum der Kunst-Tiere ist ungleich größer als der der Natur-Tiere, entsprechend der Definition, daß Kunst Schöpfung und nicht Nachahmung bedeutet. Maler und Bildhauer haben mit ihren Werken nicht nur ein Stück Wirklichkeit in ihre Sprache übersetzt, sie schufen ein neues Stück Realität.

Den Anstoß liefert ihnen in Rom mitunter die Geschichtsschreibung, die sich von jeher mit besonderer Vorliebe des Tieres annahm. Historische und künstlerische Realität mischen sich da auf einzigartige Weise, so daß ein Streifzug durch das römische Bestiarium immer auch zu einem Exkurs in die Geschichte der Ewigen Stadt wird. Fangen wir an im Jahre 390 vor Christi Geburt.

»Gallier waren genaht durch Buschwerk, hatten die Burg schon, sicher gedeckt durch Nacht und die Gunst einhüllender Schatten: goldgelb wallt' ihr Haar, und es prangte von Golde die Kleidung.« Bereit zum Angriff waren sie und würden die Römer, die ahnungslos schliefen, wohl alle erschlagen haben, wenn nicht, ja, wenn nicht die Gänse gewesen wären, die, wie unser Gewährsmann erzählt, »Kunde gegeben, daß die Gallier stehen vor der Schwelle«. Es war nämlich die Stadt durch das Schweigen der Hunde schon längst verraten.

Man sieht es ihnen an, den beiden Bronzegänsen in der Sala delle Oche des Konservatorenpalastes, wie aufgeregt ihre Ahnen gewesen sein müssen. Mit flatternden Flügeln und schnatternd aufgesperrtem Schnabel hat sie der Künstler gebildet, ganz so, als müßten sie das Kapitol bis in alle Ewigkeit vor den Barbaren retten. Als Dank für ihren patriotischen Einsatz pflegten die Römer am Jahrestag des Überfalls eine feierliche Prozession zu veranstalten und trugen ehrenhalber eine Gans in einer Sänfte umher.

Nur wenige Räume weiter wohnt eine andere, nicht minder hilfreiche Kreatur. Romulus wäre gar jämmerlich verhungert, Roma niemals gegründet worden, hätte sie damals nicht, entgegen allen tierischen Instinkten, die Menschenbrut gesäugt. Da steht sie, die

»Mutter der Römer«: eine Wölfin. Ein etruskischer Künstler hat sie im 5. Jahrhundert vor Christus in Bronze verewigt. Ihr Körper ist sehnig, bis auf die Rippen ausgemergelt, das Haupt hält sie zur Seite gewendet, doch nicht, um sich der Knäblein (zwei etwas zu dralle Renaissance-Putten, die der *lupa* zweitausend Jahre nach ihrer Erschaffung durch Antonio Pollaiolo untergeschoben wurden) zu versichern, sondern voll gespannter Aufmerksamkeit, gerade, als wittere sie Gefahr.
Die Ohren lauschend aufgestellt, die Augen weit geöffnet, das Maul, das die blanken Zähne sehen läßt – ein drohender Anblick, dem einzig die stilisierte Mähne, die das Tiergesicht in feiner Ziselierung umrahmt, von seiner Wildheit nimmt. Wie sie da wacht, auf einem leicht erhöhten Podest in der Mitte des Raumes, wirkt sie wie eine heidnische Gottheit. Vor vierhundert Jahren soll sie in diesen Saal eingezogen sein. Heute verhindert eine Absperrung, daß ihr jemand zu nahe tritt, denn im Abstand von einigen Metern drängen und schieben sich die Besuchermassen vorbei.
Wem hat sie im Laufe der Jahrhunderte nicht alles Modell gestanden! Die Ansichten der legendären Säugung könnten in Rom ein eigenes Museum füllen. Auf dem Kapitol läuft sie mir noch oft über den Weg, zum Beispiel in einem Holzrelief in der Sala degli Orazi e Curiazi sowie ebenda in einem wandfüllenden Fresko von Giuseppe Cesari, genannt Cavalier d' Arpino, wo die Bestie, fromm wie ein Lamm, in der Nähe von Schafen auf einer Weide am Tiber lagert und sich von zwei strammen Jungen die Milch aus den Zitzen pres-

sen läßt. Oder auch in einem Wandteppich der Sala degli Arazzi, nicht zu vergessen die rosig-fette Version von Peter Paul Rubens in der Kapitolinischen Pinakothek.

Mit der Symbolkraft ihrer Kunstwölfin noch nicht zufrieden, hielten sich die Römer bis in die fünfziger Jahre auf dem Kapitol auch noch ein leibhaftiges Exemplar – in der Grünanlage zwischen den beiden Treppen.

Gegen die *lupa*, die als römisches Wappentier in jeder nur denkbaren Form – etwa als Türgriff, Wasserspender oder Fahnenmastverzierung – die Stadtlandschaft beherrscht, vermag sich der Elefant trotz seiner ins Auge springenden Erscheinung nur mit Mühe zu behaupten. Daß er gleichwohl zum Publikumsliebling avancierte, verdankt er Bernini, der die von Natur aus merkwürdige Gestalt des Rüsseltieres durch das Aufsetzen eines Obelisken noch unterstreicht. Der originelle Einfall stammt allerdings nicht von Gian Lorenzo selbst, sondern geht wahrscheinlich auf eine Zeichnung aus dem seinerzeit vielgelesenen Buch *Hypnerotomachia Poliphili* zurück.

Verschmitzt schaut er aus, der Elefant im Schatten des Pantheons, und ein bißchen traurig. Kinder lieben ihn zärtlich, manche wissen um sein Geheimnis: wie er einst den schweren Pfeiler abgesetzt und einem kleinen Mädchen das große Rom gezeigt hat.

Um zu begreifen, was für ein Kuriosum Bernini mit seiner Skulptur schuf, halte man sich die Rarität des Objekts vor Augen. Während siebenhundert Jahren, bis Ende des 15. Jahrhunderts, zählte man in Europa nicht mehr als fünf Elefanten, hundert Jahre später waren es gerade sechs und noch im 18. Jahrhundert nur eben dreizehn.

In Italien eingeführt wurden sie im Jahr 282 vor Christus durch Pyrrhos, populär machte sie dann Hannibal auf seinem Zug nach Rom. Von den siebenunddreißig Dickhäutern, mit denen er im Frühjahr 218 von Karthago aufbrach, um Alpen und Apenninen zu bezwingen, überlebte, wen wundert es, nur einer. Auf ebenden stoße ich im Sala delle Guerre Puniche des Konservatorenpalastes, wo Jacopo Ripanda Anfang des 16. Jahrhunderts seine Vision des Heerzuges als monumentales Fresko in Szene gesetzt hat.

Der Zweischwänzige läßt, was die Anatomie angeht, allerdings zu wünschen übrig. In der Regel war der Körperbau des Elefanten in phantastischen Abbildungen eher entstellt denn erhellt worden. Erst Raffael portraitierte ihn, wie er leibt und lebt. Sein Vorbild war Hanno, der wohl berühmteste diplomatische Elefant der Geschichte.

Seit der Antike war der Besitz der grauen Riesen an Macht und Herrschaft gebunden. Sie galten als Prestigeobjekt schlechthin, repräsentativer noch als Löwen, und wurden gern zu politischen Zwecken eingesetzt, so im Rom des Jahres 1514. Die Straße, berichtet der Chronist, glich einem Ameisenhaufen, als am Samstag, dem 12. März, das über zwei Meter hohe Geschenk des portugiesischen Königs Emanuel I. (damals aufgrund der Erschließung des Seeweges nach Indien reichster Herrscher Europas) an Papst Leo X. durch die Porta del Popolo in die Ewige Stadt einzog.

Das Orchester der Papstes spielte, was das Zeug hielt, und die Artillerie untermalte das Spektakel mit Salutschüssen.
Es dürfte der erste indische Elefant gewesen sein, den Rom zu Gesicht bekam. Vor der Engelsburg ereignete sich dann Unglaubliches. Der Koloß, dem eine landläufige Meinung unterstellt hatte, daß er sich in Ermangelung von Kniegelenken nicht zu bücken vermöge, vollführte einen dreifachen Kniefall vor Leo X., der sich über dieses offensichtliche Wunder ganz kindisch gefreut haben soll. Wie auch nicht. Was der König dem Papst mit diesem knienden Elefanten schenkte, war mehr als ein originelles Tier. Es war das personifizierte heidnische Indien, das sich dem Christentum unterwarf.
Drei Monate später ersuchte der Medici-Fürst Lorenzo II. seinen Onkel Leo, ihm das spektakuläre Geschöpf für einen festlichen Umzug nach Florenz auszuleihen. Der Papst lehnte ab. Er sorgte sich, die Füße seines Lieblings könnten auf der Reise Schaden nehmen. Der Vorschlag, Hanno für den Marsch mit Schuhen auszustatten, wurde verworfen.
Ein langes Leben war dem Dickhäuter trotz päpstlicher Fürsorge nicht beschieden. Aller Wahrscheinlichkeit nach erstickte der Ärmste zwei Jahre später, im Juni 1516, an einer Vergoldung, mit der man ihn anläßlich eines Triumphzuges lackiert hatte. Bald darauf zirkulierte sein Testament. Seine Haut vermachte Hanno darin dem Papst, damit der sie über einen Holzelefanten spannen und sich auf diese Weise Ersatz schaffen könne.

Leo X. war in der Tat untröstlich (Ulrich von Hutten soll seine abgöttische Elefantenliebe verspottet haben), und sein Kammerherr ließ Hanno, dessen Tod das Volk als den eines unvergleichlichen Bürgers betrauerte, an der Vatikanischen Mauer mit einem langen Epitaph huldigen: »Unter diesem gewaltigen Berg liege ich gewaltiger Elefant begraben, den König Emanuel, nachdem er den Orient überwunden hatte, als Gefangenen dem Zehnten Leo geschickt hat; mich Elefanten hat das römische Volk bewundert – nachdem solch Tier jahrhundertelang nicht gesichtet war – und hat menschliche Denkart in meiner plumpen Brust erkannt. Mir hat die Parze den Aufenthalt im glücklichen Latium geneidet, und sie hat nicht geduldet, daß ich drei Jahre meinem Herrn diente. (…) Was die Natur hinweggerafft hatte, stellte mit seiner Kunst Raffael von Urbino wieder her.« Fresko und lobesamen Spruch sucht man heute vergebens an der Mauer, die Zeit hat beides leider ausradiert.
Auch sonst tut der Vatikan wenig, um die Elefantenschaulust seiner Besucher zu stillen. Wer Hanno sehen will, etwa in dem hölzernen Intarsienbild, das ehedem die Tür zur Stanza della Segnatura zierte, muß sich an die Museumsverwaltung wenden.
Fakt und Fabel – im Reich der Kunst-Tiere ist beides schwer zu trennen. Mal werden Fakten, wie im Fall des Elefanten, für fabelhaft angesehen, dann wieder Fabeln, wie im Fall des Einhorns, das Pompeius zu Schauspielen nach Rom gebracht haben soll, für Wahrheit genommen. Wer sich bemüht, in der Fabel die Wirklichkeit, in der Kunst die Natur zu suchen,

dem verschwimmen mit fortgeschrittener Anschauung die Grenzen zwischen beiden.
Auch wenn Einhörner, Drachen und Flügelpferde niemals in natura, sondern nur in der Vorstellung gesichtet worden sind, kommt ihnen Wirklichkeit zu. Doch nicht naturwissenschaftlicher Scharfsinn führt auf ihre Spur, allein der Glaube vermag sie zu finden, die Phantasie sie zu erschreiben, das Denken sie zu deuten.
Die Galleria Borghese beherbergt ein ganzes Heer von Fabeltieren. Am bekanntesten ist Raffaels Gemälde *Die Dame mit dem Einhorn*, doch auch der Höllenhund in Berninis dramatischer Skulpturengruppe *Raub der Proserpina* kann sich sehen lassen. Wachsam sitzt er seinem Herrchen bei Fuß und hält ihm mit seinen drei Köpfen den Rücken frei. Gegen die Macht dieser beiden Entführer hat Proserpina wahrhaftig keine Chance.
In der Möglichkeit ihrer Darstellung haben Fabelwesen den real existierenden Geschöpfen einiges voraus. Der Augenschein kommt der Vorstellung nicht ins Gehege, diese kann sich in aller epischen Breite ausleben. So schildert Plinius der Ältere, gleichwohl er Zweifel an seiner Existenz hegt, einen Phönix in den glühendsten Farben: Goldglänzend um den Hals sei er gewesen, sonst purpurfarben, während rosige Federn den bläulichen Schwanz auszeichneten. Angeblich soll der märchenhafte Vogel auch einmal nach Rom gebracht und auf dem Versammlungsplatz ausgestellt worden sein. Schade, daß diese Sensation nirgends bildlich auftaucht.

Ein anderes Fabelvogelwesen trifft man indessen häufig. Als Begleiter von Apollon im Kapitolinischen Museum im Palazzo Nuovo zum Beispiel, an der Fassade des Häuserblocks Nr. 231-247 der Viale Regina Margherita oder in der Wandbemalung der Galleria Borghese: der Greif, Zwitter zwischen dem König der Lüfte und dem König der Tiere. In der Furcht, die der Adlerlöwe oder, so man will: Löwenadler hervorrief, fungierte er im Totenkult der Antike als Grabwächter par excellence. Welches Tier auch vermöchte den Schlaf der Toten besser zu schützen? Die spitz gebildeten Ohren garantieren ein scharfes Gehör, Flügel und Flanken eine große Schnelligkeit, Adleraugen ein vorzügliches Sehen und der Löwenkörper mächtige Kraft.

Sowenig der Schrecken, den der Greif einzuflößen vermag, davon abhängt, ob es ihn tatsächlich in der Natur gibt, sowenig übt ein Tier, das auf einem Gemälde aussieht wie in natura, auch zwangsläufig die größte Wirkung auf den Betrachter aus. Um seiner Darstellung Leben zu verleihen, muß man es nicht fotografisch genau wiedergeben.

Wie wenige Striche genügen, um Tiere zeichnerisch zu erschaffen, führen die Fresken und Graffiti der Katakomben vor Augen. Es ging den frühchristlichen Künstlern nicht um das Tier an sich, sondern um seinen Symbolwert. Man sieht den Fisch als eucharistisches Zeichen, Tauben als Allegorien der Gläubigen, den Pfau als Sinnbild der Auferstehung.

Die Römer waren überzeugt, daß Pfauen nicht verwesen, und erkoren den bunten Vogel deshalb zum

Emblem der Unbestechlichkeit. Noch heute nennen die Modeschöpfer des Vatikans die zwischen Rot und Blau changierende Farbe der Bischofsbekleidung *paonazzo* (ital. *pavone* = Pfau), und das, obwohl der radschlagende Vogel inzwischen als Inbegriff aufgeblasener Eitelkeit gilt. Während der Adler das Wappentier der Cäsaren war, ließen sich ihre Frauen auf Münzen gern durch den Pfau vertreten. Ihm blieb es vorbehalten, die Kaiserin nach ihrem Ableben in den Himmel emporzutragen.

Im übrigen war Roms Interesse an Pfauen eher profaner Natur. Man züchtete sie als lebendigen Schmuck der Gärten, ihre Federn wurden für Fächer und zur Helmzier begehrt, ihr Fleisch stand im Ruf einer kulinarischen Köstlichkeit. Hortensius, ein Zeitgenosse des Lukullus, überraschte seine Gäste als erster damit. Pfau war das Lieblingsgericht der Kaiser, das binnen kürzester Zeit in den römischen Küchen Karriere machen sollte. Um die kostbaren Vögel vor Flucht und Diebstahl zu sichern, züchtete man sie auf Inseln.

Noch bis in die siebziger Jahre zierten Pfauen in Rom auch manchen öffentlichen Park; als schmückendes Haustier haben sie nichts von ihrer Attraktivität verloren. Einmal im Jahr, am 17. Januar, erhalten sie gemeinsam mit Kanarienvögeln, Enten, Katzen, Hunden und was sonst noch in römischen Haushalten kreucht und fleucht, Gelegenheit, sich in der Kirche Sant' Eusebio segnen zu lassen.

Was für ein Spektakel! Mal sind es mehr, mal weniger Tiere, die in Gott weiß welchen Verpackungen von ihren gestreßten Besitzern an der Statue des heiligen

Antonius vorbeigetragen werden. Früher, so erzählt der Kirchendiener nicht ohne Stolz, seien sogar Pferde zur jährlichen Segnung erschienen: »Die haben wir aber nicht eingelassen, sondern draußen auf dem Platz abgefertigt.«

Dafür aber fand das Schwein Eintritt in die Gotteshäuser. Der Schutzpatron selbst befindet sich in Gesellschaft eines allerliebsten Exemplares, das ihm gleich einem treuen Hündchen bei Fuß sitzt. Das Tier, an dem die Theologen seit biblischen Zeiten kein gutes Haar zu lassen pflegten, erfreut sich als Antonius' Attribut in der christlichen Ikonographie rosigster Gesundheit.

Schon unter den Römern wurde das Schwein, ob wild oder zahm, hoch verehrt. Seit, wie Vergil im 8. Gesang der Äneide erzählt, eine weiße Sau nebst dreißigköpfigem Nachwuchs dem Trojaner den Ort der zu gründenden Stadt Alba gezeigt hat, erkoren sie es zum Symbol der Fruchtbarkeit und des Reichtums.

Neben Äneas' Sau, die mit ihren Frischlingen die Sala degli Animali des Museo Pio-Clementino im Vatikan bevölkert, versuchten sich die Bildhauer der Antike gern in der Darstellung der Kalydonischen Eberjagd. Auf einem Marmorsarkophag im vatikanischen Museo Gregoriano Profano sowie in der Sala del Camino im Konservatorenpalast auf dem Kapitol kann man verschiedene Versionen dieser Hetze miteinander vergleichen.

Die römischen Künstler hatten unbestreitbar etwas übrig für die Gestaltung kämpfender Tiere. Die Zirkusspiele im Kolosseum, bei denen sich über fünfzigtausend Zuschauer mit Tierhetzen in Stimmung für die Menschenkämpfe bringen ließen, boten den nötigen Anschauungsunterricht. Tierschutzvereine gab es noch nicht. Was man in freier Wildbahn zu fassen bekam, wurde Opfer der Manege.

Der Verschleiß an Löwen spottete jeder Beschreibung. Sulla ließ angeblich hundert männliche Exemplare gegeneinander kämpfen, Cäsar soll an die vierhundert, Pompeius sogar sechshundert Löwen im Circus vorgeführt haben. Sechzig Löwen zusammen mit zweiunddreißig Elefanten und je zehn Tigern, Giraffen, Zebras, Elchen sowie sechs Nilpferden wurden allein anläßlich der Tausendjahrfeier der Gründung Roms abgeschlachtet.

Auch in der Sala degli Animali frißt einer den anderen: der Löwe das Pferd, die Hunde den Hirsch, der Bär das Rind, die Katze das Huhn, der Falke den Hasen, der Reiher den Frosch, die Schlange das Böcklein, der Storch die Schlange, die Wildkatze das Schaf. Doch auch spielende, anmutig sich gebärdende Tiere gibt es im vatikanischen Museums-Zoo zu besichtigen. Delphine, Affen, Pelikane, ein leicht angestaubter Elefant sowie ein lebensgroßes Krokodil, Hahn und Ente, Hummer und Languste, dazu einen Luchs, den man förmlich durchs Unterholz schleichen sieht.

Die wenigsten Exponate sind antiken Ursprungs, was ihrem Naturalismus indes keinen Abbruch tut. Bar jeder symbolischen oder sinnbildlichen Last, sind die Tiere hier nur Tiere, nachgebildet im reinen So-Sein, beim Spielen und Schlafen, Fressen und Gefressenwerden, sich selbst genug und ohne Anspruch auf allegorischen Tief- oder Hintersinn. Manche sind aus kostbarem Stein, aus Porphyr, Alabaster oder Granit; die Marmorierung gibt dabei die Zeichnung der Felle zuweilen verblüffend echt wieder. Ein Hirsch und ein zweifarbig intarsierter Leopard zählen zu den kunstvollsten Stücken.

Fast bin ich am Ende der Menagerie angelangt, da fällt mein Blick auf eine kleine Skulptur an der Wand, mitten zwischen Hund und Hase. Ich traue meinen Augen nicht! Mag diese Kreatur im römischen Alltag leider höchst gewöhnlich sein, sie hier unter die Kunsttiere eingereiht zu finden erscheint dann doch zu absonderlich. Und so frage ich den Wärter, was die Plastik mit der Inventarnummer 119 seiner Ansicht nach darstelle. »Un topolino!« kommt die prompte Anwort. Nun ist ja ein *topolino* laut Lexikon noch keine Ratte, sondern eine kleine Maus, doch machen die Römer, wie ich inzwischen weiß, hier (bewußt?) keinen Unterschied. Obwohl sie das Wort *ratto* kennen, bezeichnen sie alles, was des Nachts durch ihre Mülltonnen marodiert, als Mäuschen.

In einer Stadt, in der auf jeden Einwohner mindestens eine Ratte kommt, darf diese verbale Verniedlichung getrost als Verdrängung interpretiert werden. Was allerdings, so fragt man sich, mag einen Bildhauer dazu bewogen haben, einen *topolino* in Stein zu hauen? Aber warum nicht! Gehört doch auch die Ratte zum unverwechselbaren Bestiarium der Ewigen Stadt, und das vielleicht sogar mit mehr Recht als Adler und Löwe.

VII.
Römische Plätze

Jeder ist Augenzeuge und Täter zugleich

Nun zeig' ich euch, an welchem Ort der Stadt/ Jedweder Mensch am leichtesten zu finden ist,/Damit ihr nicht lang laufen müßt, wenn einen ihr/Wollt treffen, sei er ein Gauner, sei er Biedermann.« Zum Forum Romanum würde uns Plautus heute nicht mehr führen. Wohl ist es noch immer geographischer Mittelpunkt Roms, doch käme kein Mensch auf die Idee, in dem Trümmerfeld den Ort zu suchen, an dem sich die Leute mengen.

Wo aber ist das Zentrum? Hausfrauen, Touristen, Katholiken, Automobilisten – jeder wird da eine andere Meinung haben. Die Antike hatte es in dieser Beziehung leichter. Platz, Markt, Forum – seine Länge soll sich zur Breite verhalten wie drei zu zwei, so forderte Vitruv, Architekt zur Zeit des Kaisers Augustus, im 5. Buch seiner Baukunst. Folgende öffentliche Gebäude sollten am Stadtplatz stehen: Hallen und Portiken für das Gericht, die Läden der Wechsler sowie die Händler. Außerdem das Schatzhaus, das Gefängnis, das Rathaus sowie ein Tempel des Merkur. Auf dem Platz wurden Ämter vergeben, Steuern gezahlt, Reden gehalten, Feste gefeiert, hier wurde gefeilscht, gekauft und Theater gespielt. Kein römi-

sches Forum entspricht heute noch dem Ideal Vitruvs, aber alle erfüllen noch immer das Kardinalgesetz der italienischen Piazza: Sie stellen Öffentlichkeit her.
Rom besitzt mehr Brunnen und Obelisken als jede andere Stadt. Macht alles in allem ein paar hundert Plätze. Mindestens, denn es gibt natürlich auch solche, denen die einschlägigen Attribute fehlen. Die Piazza dei Cinquecento zum Beispiel zieren nur Autobusse. Gerade mit dem Zug auf der Stazione Termini angekommen, nimmt der Fremde nicht wahr, daß er den größten Platz der Stadt vor sich hat. So groß wie unschön.
Ein der Weltstadt angemessener Empfangssalon ist dagegen die Piazza della Repubblica, keine Fahrminute vom Bahnhof entfernt. Nordöstlich von den Thermen des Diokletian flankiert, deren Tepidarium Michelangelo um das Jahr 1563 zur Kirche Santa Maria degli Angeli ausbaute, wird ihre Fläche gen Sonnenuntergang von zwei arkadengesäumten Palästen eingerahmt, deren Halbrund die antike Thermenexedra nachzeichnet. In manchen lauen Sommernächten verzaubert ein kleines Orchester die Säulenhalle in einen Konzertsaal. »Che bella cosa«, seufzt der Sänger ins Mikrofon, und das Publikum summt den Refrain.
Wodurch wird ein Ort zum Platz? Was unterscheidet ihn von einer Straße? Die Größe jedenfalls nicht. In Rom gibt es Straßen, die sind so breit wie ein Platz, und Plätze, die so schmal sind wie eine Gasse. Also muß es die Möblierung sein.
Mit Springbrunnen und Zeitungskiosk, einem halben Dutzend Bars ringsum, ein paar Tauben dazwischen

und – unvermeidlich in der Ewigen Stadt – einem Obelisken in der Mitte besitzt das Pflaster vor dem Pantheon alles und mehr, was einen Ort zur Piazza adelt. Mit sanftem Gefälle führt es zur Vorhalle des Kuppelbaus hinab, wobei die Stufen des höher gelegenen Brunnens zu Zuschauerrängen und die sechzehn rosagrauen Granitsäulen des Portikus gleichsam zu Kulissen werden.

In der Antike war die Raumsituation eine völlig andere. Das Straßenniveau lag erheblich tiefer, und man mußte über fünf steile Stufen zum Tempel der himmlischen Götter hinaufsteigen. Sosehr das fast neunzehn Jahrhunderte alte Gebäude heute noch imponiert, nicht die Architektur schafft die unverwechselbare Atmosphäre dieses Platzes. Wer die Piazza della Rotonda beschreiben will, muß die Menschen beschreiben. Das gilt für alle Plätze Roms.

Die ersten, die den Platz am Morgen überqueren, um in einem der Cafés ihren Schluck Espresso zu trinken, sind Geschäftsleute und Parlamentarier. Es folgen vor Mittag Hausfrauen auf dem Weg vom Markt an den Kochtopf, *all' ora di pranzo* dann Angestellte aus dem Viertel. Nachmittags versammeln sich Touristen, Pensionäre und Kleinkinder, wobei diese von ihren Müttern unbesorgt frei laufen gelassen werden, seit das Pflaster zur autofreien Zone erklärt wurde. Richtig voll wird es aber erst nach Sonnenuntergang.

Ob Star oder Statist: Der Platz verteilt die Rollen, das Schauspiel variiert. Ein junger Rollschuhvirtuose, eben noch im Zentrum der Aufmerksamkeit, verliert die Blicke seines Publikums an ein blondes Wesen, das zwei überaus lange Beine in einer überaus kurzen Hose spazierenführt.

Diese Bühne hat ihre eigenen Gesetze. Es gibt keine Darsteller, aber alle stellen sich dar. Es gibt keine Zuschauer, aber alle schauen zu. Wem? Den anderen!

Jeder ist Augenzeuge und Täter zugleich. Wer in den Zauberkreis einer römischen Piazza tritt, verwandelt sich, sein Schritt wird langsamer, die Blicke schweifen schneller. Jeder steht im Mittelpunkt des Interesses der anderen, einzig, weil er auf dem Platz steht.

Noch immer streiten die Römer, ob nun der Pantheons- oder nicht doch der Navona-Platz das Herz der Stadt sei. Und bis der Streit entschieden ist, geben sie gerechterweise beiden die Ehre. Allabendlich schwemmt der Strom der Flanierenden vom einen zum anderen, während die Straßen ringsum wie ausgestorben liegen. Von der namenlosen Piazzetta auf halbem Weg haben denn auch nur wenige bisher Kenntnis genommen:

Lange war die Via degli Staderari neben dem Senat für den Durchgangsverkehr gesperrt. Im Dezember 1987, sozusagen über Nacht, verschwand nach Jahrzehnten plötzlich der Bretterverschlag und gab einen der schönsten Brunnen Roms frei. Das antike Becken aus rotem Granit wurde, wie eine Travertin-Tafel informiert, der *cittadinanza* anläßlich des vierzigsten Jahrestages der Verfassung geschenkt. Der Gegensatz zwischen diesem verschwiegenen Nebenschauplatz und dem Navona-Rummel einen Straßenzug weiter könnte nicht größer sein.

Seit tausendneunhundert Jahren dient der Navona-

Circus Volksbelustigungen aller Art. Was der Antike die Athletenwettkämpfe, waren dem Mittelalter die Turniere und Stierrennen. Später, vom 17. bis zum 19. Jahrhundert, verwandelte man das Areal durch Verstopfen der Brunnenabflußrohre in einen künstlichen See, auf dem am Wochenende die Kutschen durchs Wasser rauschten: »Das ist kein Platz, es ist eine Landschaft, ein Theater, ein Jahrmarkt, eine Lust«, pries der Dichter Giuseppe Giocchino Belli, der den Navona-See noch selbst gesehen hat.

Die Piazza eine Manege zu nennen ist mehr als Metapher. Ihr Grundriß entspricht der Arena, die Kaiser Domitian für seine Spiele errichten ließ. Reste der Anlage, die gut zwanzigtausend Zuschauer faßte, sind noch unter einem Palast am nördlichen Ende zu erkennen. Auch den Namen hat der Platz von dem antiken Stadion: Aus »in agone« (im Wettkampf) wurde »nagone«, dann »navone« und schließlich »navona«. Im 3. Jahrhundert, als das Kolosseum infolge einer Feuersbrunst unbenutzbar war, kämpften hier sogar übergangsweise Gladiatoren.

Die Zusammensetzung des *popolo navonese* wechselt entsprechend der Tageszeit. In aller Regel läßt sich die Mischung wie folgt charakterisieren: Auf zwei Viertel Touristen kommt ein Viertel Nichtstuer, den Rest bestreiten Musikanten, Pantomimen und Jongleure, Maler und Modelle. Die Piazza sichert einer ganzen Reihe von Künstlern ihr täglich Brot. Bis zu tausend Mark soll hier schon mancher an einem Tag mit dem Verkauf seiner Bilder verdient haben.

Seiner Bilder? Diese sogenannten Maler, klagt Riccardo, seien doch nur Händler. Im Besitz einer Lizenz, betrachten sie das Navona-Pflaster als ihre Privatgalerie, Außenseiter werden hier nicht geduldet. »Wenn hier mal einer seine eigenen Werke loswerden will, rufen sie gleich die Polizei.« Er ist selbst bereits unter Geldstrafe der Piazza verwiesen worden. Die einzigen, die nachweislich nur das verkaufen, was sie selbst produziert haben, sind die Karikaturisten.

Anfang des 17. Jahrhunderts war das Navona-Gelände noch ein Viktualienmarkt. In diesem Jahrhundert dagegen wurde die Piazza Vittorio Emanuele II. zum Bauch von Rom. »Zwischen Kohlrippen, bleichem Gedärm/leuchtet der Hahnenkamm/gefleckt von Orangenschalen/versickert der Blutbach«, warnt Marie-Luise Kaschnitz den das Pittoreske suchenden Touristen.

Wirklich kein Ort für zartbesaitete Gemüter! Die Römer sind nicht zimperlich. Ein Mann verkauft Eier sowie die dazugehörigen lebenden Hühner, denen er auf Wunsch der Kundin noch rasch den Hals umdreht, bevor er sie in eine Plastiktüte stopft. Ein paar Schritte weiter bietet eine dicke Matrone auf einem Pappkoffer das A und O römischer Küche feil: Zitronen, Knoblauch und Peperoncino.

Die Läden liegen willkürlich durcheinandergewürfelt, hier Käse, dort Oliven, hier blutendes Fleisch, dort getrocknete Feigen, dazwischen Berge von Grün, Gelb und Rot. Ist man erst in den Kreis der sich vorwärts Schiebendrückendrängenden eingetreten, versinkt der Platz ringsum.

Und doch ist auch diese Piazza eine Oase, man muß

nur durch das Markttreiben hindurch bis ins Zentrum vordringen. Dort grünt ein kleiner Park, verziert mit Ruinen des 3. Jahrhunderts, dem Nymphäum der Aqua Iulia. Es ist, wenn auch nur in Fragmenten, die einzige erhaltene Brunnenschauwand der Antike: der Prototyp des Trevi-Brunnens.

Und noch eine weitere Kuriosität birgt der Platz. Hier erhebt sich, frisch restauriert, die sogenannte Porta magica. Geheimnisvolle, kabbalistische Zeichen machen das Tor, das von zwei Skulpturen der Bes, tierähnlichen ägyptischen Schutzgottheiten, bewacht wird, zur Hauptattraktion des esoterischen Rom.

Das Fehlen jeglichen Grüns war jahrhundertelang das Typische italienischer Platzgestaltung. Man denke nur an Michelangelos Entwurf für das Kapitol oder an den Quirinals-Platz auf dem höchsten der sieben römischen Hügel, wo früher zur Sommerzeit die Päpste, zwischen 1870 und 1946 die italienischen Könige und heute die Staatspräsidenten residieren.

Was für eine Wüste! Eine Million Pflastersteine und kein einziger Grashalm. Natur ist vollkommen ausgesperrt, alles Vegetative getilgt. Die Piazza del Quirinale ist ein Sinnbild des menschlichen Gestaltungswillens. Und doch: Natur beherrscht auch diesen Platz, wenn auch nicht als Begrünung, aber im Grundriß. Nirgends ist das Pflaster eben. Wie eine Wiese schmiegt es sich den Unregelmäßigkeiten der Hügelkuppe an, wellt sich, formt seichte Täler oder fällt jäh ab, als wolle es dadurch den Mangel an Vegetation ausgleichen.

Bei der Gestaltung der Piazza del Popolo dagegen

wurde Natur absichtlich angepflanzt. Der Architekt Giuseppe Valadier, ein Römer französischer Herkunft und unter Napoleon zu Ansehen gelangt, verlieh ihr im Jahr 1824 ein neoklassizistisches Gesicht, wobei er den Park des Pincio-Hügels effektvoll miteinbezog. Eine Platzansicht, die trotz Brunnen, Obelisken und drei Marienkirchen eher nach Paris als nach Rom zu passen scheint.

Im Mittelalter galt das Gelände als verwunschener Ort, an dem der Spuk umging. Bis ins letzte Jahrhundert diente es als Richtstätte. Zwei Angehörige der Geheimorganisation »i carbonari« ließ der Papst im November 1825 »senza prove e senza difesa« (ohne Beweise und ohne Verteidigung), wie auf einer steinernen Tafel an der Kaserne zu lesen ist, verurteilen und exekutieren.

Die beiden *carbonari* auf der Piazza del Popolo, Giordano Bruno auf dem Campo de' Fiori – für ihre blutigen Hinrichtungen war der Kirche kein Platz zu schade. Bis auf einen: der Petersplatz. Nahezu 280 Meter lang und etwa 240 Meter breit – barocke *grandezza* aus einem Guß, dabei voll optischer Spiele. Betritt man einen der Kreismittelpunkte der Kolonnaden, die durch zwei runde, ins Pflaster eingelassene Steinplatten markiert sind, erwecken die vier hintereinanderstehenden Säulenreihen den Eindruck, eine einzige zu sein. Mitunter steht man Schlange, um von hier aus die Veränderung der Lichtverhältnisse zu bewundern.

Berninis Schöpfung ist um so bemerkenswerter, als der Baumeister bei der Platzgestaltung zwei schon

vorhandene Monumente berücksichtigen mußte. Es gelang ihm, die Fixpunkte Obelisk und rechter Brunnen vollkommen zu integrieren. Außerdem machte er es mit einem raffinierten System sich gegenseitig bedingender optischer Täuschungen möglich, die übermäßig breite Schauseite der Basilika für den sich nähernden Betrachter vorteilhaft zu höhen.
Seit eh und je ist dieser Platz katholischen Public Relations vorbehalten. Jeden Sonntag pünktlich um zwölf Uhr bedient sich der Papst, sofern er nicht gerade auf »Dienstreise« ist, der Berninischen Kulissen, um seiner Rolle auf Erden den nötigen Glanz zu verleihen. Was wären seine Segenspendungen ohne die Kolonnaden aus zweihundertvierundachtzig Säulen, die die Schäfchen in großzügiger Geste umarmen, sie begrüßen und bergen zugleich? Was wären sie ohne die einhundertvierzig Travertin-Heiligen, die die Herde mit steinernem Blick bannen?
Roms zweiten großen Propaganda-Saal, die Piazza Venezia, wo Mussolini vom Balkon aus seine Reden über die Köpfe der *camerati* hinwegdonnerte, haben die Römer heute zur Straßenkreuzung umfunktioniert. Einen Hauptdarsteller gibt es jedoch auch hier. Eben besteigt er die Bühne. Einen Schritt vor, einen zurück – viel Platz läßt sie ihm nicht, ein Quadratmeter Kreis, das ist alles. Doch mehr benötigt seine Darbietung auch nicht. Das wichtigste sind die Arme. Aus den Schultern heraus fließt die Bewegung, biegt die Ellenbogen, setzt sich fort bis in die Fingerspitzen. Flehend faltet er die Hände, hebt sie abwechselnd wie im Fluch über den Kopf empor oder spreizt sie, die

Handflächen nach außen, in Hüfthöhe weit von sich, typisch römische Geste, die fragt: »Wo willst du denn hin?«

Jetzt unterbricht er seine Choreographie, deren Eleganz durch die weißen Handschuhe noch unterstrichen wird, zieht einen Block aus der Jackentasche, notiert eine Reihe Zahlen. Dies zur Rache, weil jemand ihn übersehen hat. Ihn, der doch unübersehbar scheint auf seinem Podest im Geschiebe der Autos.

Szenenwechsel. Der gleiche Platz, zwölf Stunden später: »Uno a zero!« brüllt ein Junge von seiner Vespa den Wachen vor dem Vaterlandsaltar zu, als wenn die nicht längst wüßten, daß Italien gewonnen hat in dieser Nacht. Auf der Piazza Venezia ist der Teufel los. Autos, Motorräder, Reisebusse – alle sind blockiert, doch keiner ärgert sich. Das Hupen gilt schließlich nicht dem Vordermann, sondern dem Sieg über die Spanier. Gegen Mitternacht kreuzt ein Bataillon Blaulichter auf, um das Verkehrschaos zu entwirren, aber so recht können sich die Polizisten nicht durchsetzen.

Die Römer haben von ihrer Piazza Besitz ergriffen, sie haben die Wohnungen und den Fernseher verlassen, um ein Bad in der Menge zu nehmen und ihre Gefühle öffentlich zu machen. Und sei es auch nur aus Freude über ein gewonnenes Fußballspiel. Die Gleichung gilt: Das Zentrum ist die Piazza. Und die Piazza ist dort, wo Öffentlichkeit stattfindet.

VIII.
Römische Obelisken

Vom Kultgegenstand zum Dekorationsobjekt

W*er Obelisken sehen will,* muß nicht bis nach Afrika reisen – ein Spaziergang durch die Tiberstadt tut es auch. Hier stehen mehr Sonnennadeln aufrecht als in Ägypten selbst! Obwohl eigentlich im Exil, haben sie auf den sieben Hügeln längst Wurzeln geschlagen und sind aus der Stadtlandschaft sowenig wegzudenken wie die Kuppeln. Ob Römer in der Lage seien, Bäume zu setzen, soll Napoleon gefragt haben. In dieser Stadt werden Obelisken gepflanzt, habe Canova geantwortet. Und in der Tat gibt es in Rom fast mehr Plätze, auf denen Obelisken, als solche, auf denen Bäume wachsen.

Allein von der Kreuzung der Via del Quirinale und der Via delle Quattro Fontane sieht man nicht weniger als drei dieser steinernen Finger: einen vor der Kirche Santa Maria Maggiore auf dem Esquilin-Hügel, einen vor dem Palast des Staatspräsidenten auf dem Quirinal-Hügel und einen oberhalb der Spanischen Treppe auf dem Pincio-Hügel.

In Ägypten erheben sich heute noch vier dieser stolzen Monumente, in Rom dreizehn. Das sind mehr als in Paris, London und New York zusammen. Wie viele noch unter den Trümmern der Antike verborgen liegen, läßt sich schwer schätzen. Es heißt, vierzig bis fünfzig seien vor zweitausend Jahren vom Nil an den Tiber verschickt worden.

»Ein Obelisk«, schreibt Plinius der Ältere im 36. Buch seiner Naturkunde, »ist eine symbolische Darstellung der Sonnenstrahlen, und dies ist die Bedeutung des ägyptischen Namens für ihn.« Der erste Pharao, der dem Sonnengott Re einen Marmorstrahl weihte, war wahrscheinlich Thutmosis III., den Rekord brach später Ramses II.; er soll zwischen 1292 und 1225 vor Christus nicht nur die meisten, sondern auch die höchsten in Auftrag gegeben haben. Der größte erreichte angeblich vierundfünfzig Meter Höhe bei einer Basisbreite von fünf Metern.

Für einen Obelisken war dem Pharao nichts zu schade. Nicht mal das Leben seines eigenen Sohnes, den er, wie es heißt, an die Spitze binden ließ, um das Gelingen der Aufstellungsarbeiten zu garantieren.

Ägyptische Obelisken bestehen in der Regel aus Rosengranit, der in den Steinbrüchen von Assuan abgebaut wurde. Noch immer ist hier ein unvollendeter Monolith zu bestaunen, mit zweiundvierzig Metern der größte erhaltene überhaupt. Risse im Material hatten die weit fortgeschrittenen Steinmetzarbeiten zunichte gemacht. Er blieb halb fertig in der Wüste liegen.

Die Ägypter schlugen die Sonnennadeln mit Hämmern aus dem Fels oder sprengten sie durch aufquellende Keile ab. Das dauerte oft Jahre, während deren die Holzpflöcke täglich, ja stündlich mit Wasser getränkt werden mußten. Auf Sandschlitten wurden sie dann zum Nil befördert, wo eigens hergestellte Schiffe sie weitertransportierten.

Mit der Übersiedlung nach Italien verloren die Steinfetische ihre sakrale Bedeutung. Waren sie in Ägypten Heiligtum und Kultgegenstand, verkamen sie in Rom zu puren Dekorationsobjekten, zum Schmuck von Gärten und Circusarenen oder auch zu Zeigern von Sonnenuhren. Unter Renaissance- und Barock-Päpsten gerieten sie ein zweites Mal in Mode. Hatten die Cäsaren sie unter großem Aufwand importiert, scheuten Roms kirchliche Herrscher keine Kosten, sie aus dem Schutt der Jahrhunderte ausgraben und an repräsentativer Stelle neu errichten zu lassen. Selbstverständlich nur nach ausführlichem Exorzismus, schließlich handelte es sich um heidnische Symbole, einem fremden Gott geweiht. Durch das Aufstecken des Kreuzes und das Einmeißeln entsprechender Inschriften ließen die Päpste sie »christianisieren«, wobei sie nicht vergaßen, ihre eigenen Verdienste hinzuzufügen, ganz in der Tradition der Pharaonen und römischen Imperatoren.

Die Instandsetzung von Obelisken entwickelte sich bald zum technischen Lieblingsprojekt der Päpste, bei dessen Durchführung Geld keine Rolle spielte. Allen voran Sixtus V.; seine Leidenschaft, von den Römern als »obeliscomanìa« verspottet, bescherte der Stadt während des nur fünf Jahre dauernden Pontifikats vier Obelisken, darunter den höchsten und ältesten von allen.

Mit über vierhundertvierzig Tonnen Gewicht bei einunddreißig Metern Höhe galt der Lateranenische in der Antike als Weltwunder. Fast zweitausend Jahre stand das Prachtexemplar in der Tempelanlage von Karnak. Kaiser Konstantin soll ihn, wie eine Inschrift auf der Basis vermerkte, »vom Sockel gehoben«, sein Sohn diesen »nicht kleinen Teil eines Berges« mit einem eigens zu diesem Zweck gebauten Schiff nach Rom überführt haben, auf daß er ebenda erneut »die Himmelskuppe berührt«. Der vierundzwanzigzeilige Text in lateinischen Hexametern war zur Zeit der Auffindung noch lesbar, wurde dann aber in Bruchstücken zu Ausbesserungsarbeiten verwandt.

Gut zwölf Jahrhunderte lag der Koloß in der Sumpflandschaft des Circus maximus begraben, bis Sixtus V. im Jahr 1587 die Bergung in Angriff nahm. Kein leichtes Unternehmen. An die sieben Meter Schlamm galt es wegzuschaffen, allein dreihundert Arbeiter waren nötig, um das Tag und Nacht nachlaufende Grundwasser auszuschöpfen.

Nach einem Jahr fand der aus drei Stücken zusammengeflickte und aufgrund eines neuen Sockels zur stolzen Höhe von siebenundvierzig Metern aufgewachsene Monolith seinen neuen Standplatz auf dem Lateranplatz. Der älteste und höchste Obelisk der Welt vor der ersten und bedeutendsten Kirche der Christenheit – es ist offensichtlich, daß hier eine Art Konstantinisches Vermächtnis inszeniert werden sollte.

In den Stein ist ein ganzer Roman eingemeißelt: Die Travertin-Basis gibt mit siebenhundertfünfzehn Buchstaben eine lateinische Reportage über das Schicksal der Sonnennadel zum besten, der obere Teil

preist in wunderschönen Hieroglyphen die Verdienste des Pharaos.
Roms Obelisken erinnern daran, daß Europa dem Land am Nil nicht nur den Kalender, sondern auch das Alphabet verdankt. Sie sind die steinernen Bücher Ägyptens. Man liest sie in aller Regel von oben nach unten, ferner von rechts nach links oder auch umgekehrt, je nachdem, in welche Richtung die Köpfe der Figuren blicken.
Die Ägypter schrieben in Bildern, buchstäblich. Ein Kreis mit einem Punkt in der Mitte bedeutet »Sonne«; wird ein Auge gezeichnet, heißt das »tun«; ein Männchen, das die Arme hängen läßt, steht für »ruhen«. Doch nicht immer stimmen Bild und Bedeutung überein, vielmehr handelt es sich um eine lautlich ergänzte Bilderschrift.
Auch sind nicht alle Obelisken beschriftet. Der auf dem Petersplatz zum Beispiel hat keine einzige Hieroglyphe, so hoch das Auge reicht. Das Fehlen des üblichen Lobliedes auf den Pharao brachte die Vermutung auf, es handele sich um kein ägyptisches Original, sondern um eine römische Kopie, die lediglich am Nil gefertigt worden sei.
Gaius Cornelius Gallus ließ ihn in Alexandrien aufrichten, Caligula im Jahr 37 nach Rom transportieren. Der über fünfundzwanzig Meter lange Stein lagerte während der Überfahrt in Linsen gebettet, Puffermaterial bei hohem Wellengang. Am Ziel angekommen, bugsierte man ihn dann auf Rollen in den Circus des Kaisers Nero. Eine graue Steinplatte im Pflaster der Piazza dei Protomartiri Romani, zwischen Petersdom

und dem im Vatikan befindlichen deutschen Friedhof, bezeichnet noch heute den Punkt.

Alle Sonnennadeln stürzten im Lauf der Jahre um, nur der Obelisk von Caligula blieb stehen. Eineinhalb Jahrtausende lang. Es bedurfte des Obeliskenpapstes, ihn von der Stelle zu rücken. Ein Monolith als architektonischer Kontrapunkt zur Kuppel von Sankt Peter – das war so recht nach dem Geschmack von Sixtus V.!

Eine Strecke von zweihundertsechsundfünfzig Metern bei fast neun Metern Gefälle mußte von dem antiken Circus bis zum Petersplatz überwunden werden – in Domenico Fontana fand der Papst seinen Mann. Durch ein Privileg stattete er den Architekten, der nach eigener Auskunft bei der Bewerbung fünfhundert Konkurrenten ausgestochen haben will, mit den großzügigsten Rechten aus, die je ein Baumeister besessen haben dürfte.

Alle Untertanen waren bei Geldstrafe aufgefordert, »ihm unverzüglich zu folgen, zu helfen und zu begünstigen«. Was für den Transport nötig sei, wurde ihm bedingungslos zur Verfügung gestellt: »Er darf sowohl in Rom als auch in anderen Städten und benachbarten Orten ohne schriftliche Genehmigung alle Lebensmittelvorräte nehmen, die er für sich selbst, seine Mitarbeiter und seine Tiere braucht.« Ja, Fontana hatte sogar das Recht, im Wege stehende Häuser einzureißen und Wälder abzuholzen, wenn es ihm an Balken fehlen sollte.

Die Niederlegung des vatikanischen Obelisken erfolgte am 30. April 1586. Das sensationelle Unternehmen trieb ganz Rom zusammen, die Schaulustigen kamen aus allen Teilen Italiens angereist. Meister Fontana selbst beschreibt die Vorkehrungen, welche das Unternehmen vor dem Zustrom der Massen sichern sollten. Mit Ausnahme der Handwerker war das Betreten der Baustelle einem jedem bei Todesstrafe untersagt. Niemand durfte sprechen oder irgendein Geräusch machen, und selbst das Ausspucken war bei schwerer Strafe verboten. Damit das Unternehmen auch von »oben« seinen Segen erhielte, hatten sämtliche beteiligten Arbeiter am Vortag gebeichtet und am Morgen das heilige Abendmahl empfangen.

Ein Paternoster und zur Sicherheit auch noch das Ave-Maria wurden gesprochen. Dann ging es los: Auf den Ruf des Trompeters hin legten sich neunhundertsieben Männer und fünfundsiebzig Pferde in die Seile von vierzig Winden und fünf großen Hebeln. Die Erde bebte – doch Millimeter um Millimeter hob sich die Sonnennadel empor. Es war das erste Mal seit der Antike, daß man einen Obelisken versetzte.

Fünf Monate sollte es dauern, bis er auf dem Petersplatz wieder gen Himmel gerichtet stand. Als Dank für die Tat schlug der Papst seinen Baumeister zum Ritter vom goldenen Sporn.

Der Monolith steht nicht nur im Mittelpunkt der Piazza, der Marmorsaal scheint geradezu auf dieses Zentrum hin angelegt zu sein. Das Pflaster fällt von den Kolonnaden aus merklich ab, um daraufhin zur Mitte leicht anzusteigen. Von vier Löwen getragen, von zwei Brunnen flankiert, von hundertvierzig Hei-

ligen bewacht – kein Obelisk kann mit einer exponierteren Lage aufwarten!
Einer jedoch ist berühmter, und das, obwohl er von allen der kleinste ist. Bernini half seiner bescheidenen Länge von fünfhundertvierzig Zentimetern optisch auf die Sprünge, indem er ihn auf dem Rücken eines Elefanten plazierte. Schon fünfunddreißig Jahre zuvor hatte Gian Lorenzo einen obeliskentragenden Elefanten entworfen, der indes nie ausgeführt worden war. Die originelle Lösung inspirierte Papst Alexander VII. zu der Basisinschrift, »daß man schon einen kräftigen Geist haben muß, um die Last der Weisheit zu ertragen«.
Bernini-Fans sind allerdings nicht recht zufrieden. Der Meister, so ihr Einwand, gedachte den Raum unter dem Elefantenbauch ursprünglich offenzulassen, doch sein Konkurrent, der Dominikaner Giuseppe Paglia, habe den Entwurf verhunzt. Tatsächlich scheint Bernini seine Vaterschaft für das Werk verleugnet zu haben.
Der Elefanten-Obelisk wurde im Jahr 1667 auf der Piazza Santa Maria sopra Minerva unweit der Stelle errichtet, an der man ihn kurz zuvor entdeckt hatte, während ein zweiter, ebenfalls neben der Kirche ausgegrabener 1789 nach Florenz wanderte, wo er heute in den Boboli-Gärten steht.
Die Gegend um das Pantheon, das ehemalige Marsfeld, war eine wahre Fundgrube für Obelisken. Nicht weniger als zehn kamen dort, wenn auch größtenteils nur in Fragmenten, ans Tageslicht. Allesamt waren sie der Göttin Isis geweiht, deren Tempel nahebei ange-

nommen wird. Aus Isis mit dem Horusknaben wurde Maria mit dem Jesuskind, aus den Steinfetischen der Pharaonen wurden die Weihegaben der Päpste.

Auch die Sonnennadel vor dem Pantheon hatte man 1374 bei Santa Maria sopra Minerva aufgespürt. Möglicherweise war es die erste, die die römische Erde seit der Antike freigab. Sie ist übrigens so hoch, wie die Wände des Pantheons dick sind, nämlich etwas über sechs Meter. Lange hielt sich das Gerücht, es handele sich um das Grabmonument des Brutus. Die Römer liebten es nämlich, ihre Obelisken berühmten Männern zuzuordnen. So wurde jahrhundertelang behauptet, die Asche Cäsars befinde sich in der Bronzekugel des vatikanischen.

Ein weiterer Isis geweihter Obelisk, der sogenannte Pamphilius, ist mitsamt seinen »ägyptischen« Hieroglyphen eine römische Imitation. Kaiser Domitian ließ ihn von seinen Handwerkern anfertigen und im Tempel der Göttin aufstellen. Daß er eineinhalb Jahrtausende später seinen neuen Standort ausgerechnet auf der Piazza Navona, dem ehemaligen Stadion des Domitian, fand, ist purer Zufall. Er wurde mit dem Familiennamen des Papstes getauft, der ihn aufrichten und durch seinen Wappenvogel, eine Taube, krönen ließ.

Auch hier glänzt Bernini durch die Extravaganz seines Entwurfes. Mitten im Vier-Ströme-Brunnen ließ er den Monolithen aufstellen, und zwar, dem Tonnengewicht zum Trotz, gerade an dem Punkt, wo die Tuffbasis durchbrochen ist. Wunder der Statik oder gekonnte Architektur?

Drei Jahre brauchte Bernini, um das Kunststück eines schwebenden Obelisken zu vollbringen. Die Kosten für die Kreation wurden durch diverse Steuern aufgebracht, was den Getreidepreis in die Höhe trieb. Die Römer beschwerten sich darüber mittels des Mundes ihrer sogenannten »sprechenden Statuen«: »Pane, pane, non fontane!« (Brot, nicht Brunnen!)
Wie geschickt die Baumeister des Barocks ihre Obelisken zu »höhen« wußten, führt der Sallustius vor der Kirche Trinità dei Monti vor Augen. Ohne das Travertin-Fundament untendrunter und diversen Bronzezierat obendrauf wäre er nur noch halb so hoch, nämlich knappe vierzehn Meter. Die Stufenflucht der Spanischen Treppe verleiht ihm zusätzlich Monumentalität. Hier wurde er im Jahr 1789 aufgestellt. Seine Hieroglyphen sind übrigens das Werk römischer Steinmetzen.
Für manchen wurden die Obelisken zum Emblem der Ewigen Stadt selbst. Etwa für den Maler Johann Heinrich Wilhelm Tischbein, der Goethe in der römischen Campagna auf den Trümmern einer Sonnennadel abbildete, möglicherweise als Anspielung auf den Obelisken des Pharaos Psammetich II. von der Piazza di Montecitorio. Dieser hatte es dem Dichter ganz besonders angetan.
Tischbeins berühmte Goethe-Ikone kehrte, wenn auch nur in einer Kopie des Künstlers Georgi Takev, inzwischen nach Rom zurück: Sie steht heute auf einer Staffelei in der Casa di Goethe an der Via del Corso – in ebendem Raum, wo der Künstler sie vor mehr als zweihundert Jahren zu malen begann.

Der fast zweiundzwanzig Meter hohe Obelisk von der Piazza di Montecitorio ist der erste, der aus Ägypten nach Rom gebracht wurde. Augustus bestimmte den »Gnomon« (Schattenwerfer) zum Zeiger einer gigantischen Sonnenuhr. Ihr Zifferblatt maß hundertsechzig mal fünfundsiebzig Meter, ihre Präzision muß erstaunlich gewesen sein. Plinius der Ältere hat das Wunderding – »ersonnen vom Scharfsinn des Mathematikers Novius Facundus« – beschrieben. Es ging so genau, daß schon eine minimale Bodenabsenkung, wahrscheinlich infolge eines Erdbebens, ausreichte, um es nach etwa einem halben Jahrhundert unbrauchbar zu machen. Domitian hat die Uhr dann erneuert. Vor einigen Jahren stieß der deutsche Archäologe Edmund Buchner in über acht Meter Tiefe unter dem Haus Nr. 48 der Via di Campo Marzio auf die Schnittstelle eines Liniennetzes nebst der griechischen Inschrift: »Die Etesien (Sommerwinde der Ägäis) hören auf.« Die Entdeckung des erneuerten Horologiums zählt zu den archäologisch spektakulärsten Ereignissen dieses Jahrhunderts in Rom.

Tierkreiszeichen, griechische Buchstaben und Monatslinien waren in Bronze eingelegt. Die Uhr, die gleichzeitig als Kalender diente, befand sich in einem ausgeklügelten Beziehungssystem zu den Augusteischen Bauten, dem Mausoleum und dem Friedensaltar, mit dem zusammen sie wahrscheinlich eingeweiht worden war. Die Gesamtanlage aus Horologium und Ara Pacis war auf die Daten von Empfängnis und Geburtstag des Kaisers abgestellt.

Die Sonnenuhr war mehr als ein gigantisches astronomischles Instrument. Sie war Siegessymbol und Kultstätte für den Augusteischen Ruhm. Am 23. September, dem Geburtstag des Kaisers, wies der Schatten des Obeliskenzeigers genau auf die Mitte der Ara Pacis.

Die Hieroglyphen des »Gnomon« sind von ungewöhnlicher Schönheit. Goethe hat sich die »zierlichen naiven Figuren« abgießen lassen, »um das bequem nah vor Augen zu sehen, was sonst gegen die Wolkenregion hinaufgerichtet war«. Das war technisch kein Problem, weil die Obeliskentrümmer zu seiner Zeit noch »zerbrochen zwischen Schutt und Kot« in einem Hof lagen: »Diese unschätzbaren Sachen muß man besitzen, besonders da man sagt, der Papst wolle ihn aufrichten lassen.« 1792 wurde der Sonnenweiser tatsächlich wieder gen Himmel justiert, auf dem Montecitorio vor dem heutigen Parlament, unweit der Stelle, wo er Augustus einst die Tage angezeigt hat.

Ein zweiter Obelisk, den der erste römische Kaiser in die Tiberstadt entführte, markiert heute den Mittelpunkt der Piazza del Popolo. Blitz und Blitz gesellt sich gern, kommentierten die Römer den spektakulären Unfall vom 12. August 1983. Um genau 11 Uhr 17 war unter apokalyptischem Donner ein Blitz in den Flaminius eingeschlagen. Einzelne Fragmente sprengten bis zu dreißig Meter weit über den Platz. Die *carabinieri* hatten Mühe, das Gelände schnell genug abzusperren, um die Trümmer vor dem Raub durch Passanten zu sichern. Ein Brocken echtägyptischer Obelisk, womöglich noch mit einigen

Hieroglyphen darauf – wer hätte nicht gern ein so zünftiges Souvenir?
An der Entschlüsselung der Zeichen soll sich 1825 Jean François Champollion höchstpersönlich versucht haben. Drei Jahre zuvor war es dem Franzosen gelungen, auf dem Drei-Sprachen-Stein von Rosette das Textfragment eines ägyptischen Dekrets zu entziffern und den Nachweis zu erbringen, daß es sich um eine Lautschrift handelte. Doch vor den Hieroglyphen des Flaminius mußte der Bilderleser passen.
Graffiti und Plakate tapezieren immer mal wieder die untersten Stockwerke, kein Fußball-Länderspiel, das nicht seine Spuren hinterließe. Und nächtens erkor manch römischer Galan den Flaminius zu seiner persönlichen Gedenkstätte und vermerkte mit Pinsel oder Sprühflasche, wen er liebt und wen nicht. So müssen Pharaonen und Cäsaren sich heute den Platz mit Annas, Claudias und Paolas teilen.

IX.
Römische Statuen

Marmor, Stein und Bronze bröckeln

Rom mag ewig sein, seine Statuen sind es nicht. Wen die Barbaren und Kriegsherren nicht zertrümmert, eingeäschert und geschmolzen haben, der ist heute sterbenskrank, denn ein Marmorkörper garantiert nicht zwangsläufig auch ewiges Leben. Das Mittelalter, um Baumaterial verlegen, ließ Abertausende von Skulpturen zu Kalk brennen, um Mörtel für die Errichtung neuer Gebäude zu gewinnen. Bronzestatuen erging es nicht besser, sie endeten als Gußmaterial für Kanonen und anderes.

Eine Bestandsaufnahme der Monumente aus dem 4. Jahrhundert erwähnt achtzig vergoldete Standbilder und vierundachtzig aus Elfenbein. Kein einziges davon blieb jedoch erhalten. Goldene und silberne Skulpturen hatten verständlicherweise die kürzeste Lebenserwartung. So fiel zum Beispiel der silberne Ignazio aus der Kirche Il Gesù Reparationszahlungen an Napoleon zum Opfer.

Wie gefährdet Statuen leben, zeigt das Schicksal des Engels vom Castel Sant' Angelo: Vom ersten fehlt jede historisch gesicherte Spur. Der zweite aus Marmor flog 1497 bei einer Explosion in die Luft. Der dritte aus vergoldetem Holz wurde Mitte des 16. Jahrhunderts von einem vierten, marmornen ersetzt, der jedoch später in den Burghof umquartiert wurde. Der derzeitige Schutzengel ist aus Bronze und hat sich erstaunlicherweise schon nahezu zweieinhalb Jahrhunderte an seinem Platz gehalten.

Daß Marc Aurel, der einzige erhaltene Bronzereiter der Antike, Jahrtausende überlebte, verdankt er skurrilerweise Konstantin dem Großen, für den man ihn irrtümlich hielt. Das Urbild aller europäischen Reiterskulpturen zog im Jahr 1538 vom Lateranplatz aufs Kapitol um, wo Michelangelo ihn durch seinen grandiosen Entwurf der Piazza del Campidoglio ehrte – ein außergewöhnlicher Fall, daß nicht ein Denkmal für einen Platz, sondern ein Platz für ein Denkmal konzipiert wurde.

Das Stern-Ornament des Pflasters nach Entwürfen von Michelangelo wurde erst in diesem Jahrhundert vollendet. Der weiß-graue Steinteppich lenkt den Blick des Betrachters automatisch ins Zentrum, wo auf einem ebenfalls von Michelangelo skizzierten Podest der Imperator ohne Waffen und Rüstung gen Westen reitet, eindrucksvoll allein durch die Gebärde seines grüßend erhobenen rechten Arms.

Die vollkommene Einheit von historischem Monument und historischem Ambiente wurde vorübergehend zerstört, als die Denkmalschützer in den siebziger Jahren mit der Nachricht an die Öffentlichkeit traten, der Philosophenkaiser sieche todkrank dahin. »Bronzekrebs« lautete die Diagnose, die Metallhaut der ursprünglich vergoldeten Skulptur sei an vielen Stellen nur noch hauchdünn, einzig eine rasche Operation könne Aurel noch retten. Und so wurde sein sechshundertzwanzig Kilogramm schwerer Körper 1981 vom Pferd gehoben und in das Istituto Centrale del Restauro am Tiber transportiert, wo man ihn zunächst gründlich röntgte, um den Krankheitsgrad zu bestimmen.

Die anschließende Intensivbehandlung, Zentimeter um Zentimenter, zog sich neun Jahre hin. Als der Patient mitsamt seinem Pferd entlassen wurde, galt er allerdings nicht als geheilt. Dem Verfallsprozeß hatte man lediglich Einhalt geboten. Marc Aurel ist auch in Zukunft stark gefährdet und muß sich regelmäßig untersuchen lassen. Mit stoischer Gelassenheit erträgt der Kaiser seinen körperlichen Verfall, schließlich huldigte er zeitlebens der Maxime, daß der Mensch jeden Tag so leben möge, als wenn es sein letzter sei. Von einer neuerlichen Vergoldung der Statue wurde übrigens abgesehen, zur Beruhigung abergläubischer Römer, die in dem Falle mit Anbruch des Jüngsten Gerichts gerechnet hätten, so wie eine Legende es ihnen verheißt.

An seine prekäre Gesundheit dachte niemand, als Aurel Anfang April 1990 unter Aufsicht von vier Hubschraubern in einem patriotischen Festzug zurück auf das Kapitol eskortiert wurde. Ein Empfang wie für einen Staatschef! Der Straßenverkehr brach zusammen, an den Fenstern der umliegenden Paläste drängten sich die Schaulustigen; Sprechchöre begleiteten die Lastwagen, die Reiter und Roß im Schrittempo durch die applaudierende Menge bugsierten. Selbstverständlich erlebten die beiden den Transport stolz erhobenen Hauptes und nicht etwa auf der Ladefläche liegend mit.

Spätestens an diesem Tag wurde deutlich, daß Marc Aurel nicht irgendein Standbild, sondern ein römisches Symbol, ein politisches Monument ist. Als solches hatte ihn bereits Cola di Rienzo im Jahr 1347 erkannt. Der selbsternannte Volkstribun, dessen zierliche Bronzegestalt heute ganz in der Nähe durch die kapitolinische Grünanlage wandelt, ließ sich zu Füßen des vermeintlichen Konstantin (damals noch auf dem Lateranplatz) zum Ritter schlagen. Bei jener Gelegenheit wurde das kaiserliche Roß kurzzeitig zum Brunnen: Aus Bleirohren in seinen Nüstern flossen zum Festessen am Abend Wein und Wasser.

So triumphal der Empfang verlief, der Philosophenkaiser kehrte nicht auf seinen angestammten Sockel im Mittelpunkt des Travertin-Sterns zurück. Er bewohnt jetzt, hinter Glas museal konserviert, ein Zimmerchen im Erdgeschoß des Palazzo Nuovo. Provisorisch – heißt es, doch in der Ewigen Stadt überdauern Provisorien leicht Jahrhunderte.

Der suggestivste Platz von Rom war mit dem Mittelpunkt um seine Aura gebracht. Und die im Standesamt auf dem Kapitol getrauten Paare mußten für ihre Hochzeitsfotos mit der Statue der Dea Roma vorliebnehmen – ein schnöder Ersatz. Doch 1997 war es endlich soweit: Rechtzeitig zum 2750sten Geburtstag der Ewigen Stadt am 21. April bezog Marc Aurel erneut das Zentrum der Piazza. Ein Duplikat stellt Michelangelos Szenario, zumindest dem Augenschein nach, wieder her.

Warum sollen Statuen nicht auch ein Leben führen? Marc Aurel und Garibaldi – was wäre, wenn sie plötzlich lebendig würden und sich in Bewegung setzten, wie der Marmormann in Mozarts *Don Giovanni*? Das gäbe einen Riesenaufmarsch! Vorweg die Reiter, dann die geschlossenen Gruppen, etwa die einhundertvierzig Travertin-Heiligen vom Petersplatz, danach Staatsmänner, Politiker, Dichter und Denker, schließlich, angeführt vom Bersagliere der Porta Pia, die Krieger und am Ende die Denkmals-Minderheiten, sprich: Frauen und Kinder.
Auf Plakaten, Fahnen sowie Transparenten protestierte die Menge gegen Smog, sauren Regen und Vandalismus; die Schwerverletzten würden gestützt oder getragen. Die Marschroute führte vom Kapitol zum Petersplatz, der sich trotz seiner zweihundertvierzig Meter Breite als zu eng erweisen würde, denn Marmor-, Stein- und Bronzemenschen sind für gewöhnlich größer als ihre Vorbilder aus Fleisch und Blut.
Konstantin der Große kam sitzend auf zwölf Meter Höhe. Fragmente des Giganten, Kopf, Arm, Bein, Hand und Fuß, sind heute im Hof des Konservatorenpalastes zu bestaunen. Sein riesiger Zeigefinger läßt die Besucher wie Zwerge erscheinen. Vittorio Emanuele II. fällt dagegen etwas bescheidener aus: Nur zusammen mit seinem Pferd bringt er es auf zwölf Meter. Im Stadtbild nimmt man das Denkmal kaum wahr, seine isolierte Position auf dem Vaterlandsaltar rückt es optisch in die Ferne.
Der Bronzekoloß bringt gut fünfzig Tonnen auf die

Waage, und weil er noch nicht einmal hundert Jahre auf dem Buckel hat, wirkt er entsprechend unversehrt. Mit dem Aurelianischen Roß hat das königliche Pferd den Kontrapost des angewinkelten Hinterhufs und des erhobenen Vorderbeins gemeinsam. Tänzelnde oder marschierende Positionen werden von römischen Reiterstandbildern (insgesamt sind es neun) überhaupt gern eingenommen.

Nur Anita Garibaldis Mustang fällt diesbezüglich völlig aus dem Rahmen. Das Bronzepferd auf dem Gianicolo-Hügel bäumt sich fast senkrecht auf, was seine Reiterin indes nicht aus dem Sattel wirft, obgleich sie mit ihrem Säugling in der Linken und einer Pistole in der Rechten wahrhaftig alle Hände voll zu tun hat. Regisseur der dramatischen Szene ist der Bildhauer Mario Rutelli (Großvater des amtierenden Bürgermeisters), der drei Jahrzehnte zuvor bereits den hinreißend hingegebenen Brunnennymphen auf der Piazza della Repubblica zum Leben verhalf. Katholische Dezenz hätte die Damen damals gern im Park der Villa Borghese versteckt.

Auch eine andere Skulptur, obwohl als Mönch züchtig verhüllt, erregte bei ihrer Errichtung auf dem Campo de' Fiori die kirchlichen Gemüter. Als Giordano Bruno, nun als Bronze unsterblich geworden, 1889 auf ebenden Platz zurückkehrte, wo er am 17. Februar 1600 auf Befehl der Inquisition bei lebendigem Leib verbrannt worden war, verurteilte Papst Leo XIII. die Aufstellung des »Ketzers« als Affront gegen die katholische Kirche.

Giordano Bruno, der als einer der ersten die Koper-

nikanische Entdeckung in ihrer tatsächlichen Dimension begriffen und metaphysisch aufgearbeitet hat, widerrief seine Überzeugungen in dem sieben Jahre dauernden Prozeß nicht, sondern soll nach Auskunft eines Augenzeugen noch auf dem Scheiterhaufen verachtend das Haupt gewandt haben, als man ihm zum Abschwören das Kruzifix entgegenhielt.
In der rechten Hand hält der Philosoph eines seiner Werke, die bis zur Aufhebung des »Index librorum prohibitorum« im Jahr 1965 auf der Liste der für Katholiken verbotenen Bücher standen. Überlebensgroß beherrscht er den Campo de' Fiori, doch wenn morgens die Händler des ringsum aufgebauten Lebensmittelmarktes zu seinen Füßen gedankenlos ihre Holzkisten verbrennen, können die Flammen ihm nichts mehr anhaben.
Auch Meister Pasquino, die populärste der fünf »sprechenden« Statuen Roms, war bei den Päpsten nicht sonderlich beliebt. Anfang des 16. Jahrhunderts machte die unscheinbare Marmorgestalt an der Rückseite des Palazzo Braschi gleich um die Ecke der Piazza Navona als Protestsänger Karriere. Die Römer benutzten sie, um mit Spottgedichten und Epigrammen, den sogenannten Pasquillen, gegen die Herrschenden zu protestieren. Wer es verdient hatte, bekam sein Fett weg, in Versen oder in Prosa, auf lateinisch, italienisch und vor allem in römischem Dialekt.
Natürlich waren die Pasquille anonym und wurden in der Regel bei Nacht und Nebel angeheftet. Am nächsten Morgen drängte sich halb Rom vorbei, um sie zu lesen und zu kommentieren – zu einer Zeit, als es

noch keine Zeitungen gab, ein Medium politischer Diskussion. Die erboste Kurie hätte Pasquino gern im Tiber versenkt und bedrohte die Autoren von Pasquillen mit drakonischen Strafen.

Bei besonders brisanten Problemen entspann sich zwischen Pasquino und Marforio, einer anderen sprechenden Statue (heute im Hof des Palazzo Nuovo auf dem Kapitol), ein satirischer Dialog in Fortsetzungsfolgen. Es ist nicht ausgeschlossen, daß sich die arg entstellte Madama Lucrezia von der Ecke des Palazzetto Venezia, der nicht minder lädierte Facchino aus der Via Lata sowie Abate Luigi von der Kirche Sant' Andrea della Valle an der Diskussion beteiligten. Letzterer erzählt den Vorübergehenden heute in einer Inschrift: »Ich war ein Bürger des alten Rom; heut nennt mich jeder Abate Luigi. Die Volkssatiren brachten mir, Marforio und Pasquino unsterblichen Ruhm. Beleidigung, Unglück und Tod erlitt ich, doch hier gewann ich neues, beständiges Leben.«

Pasquino ist übrigens von Haus aus die römische Kopie eines griechischen Originals aus dem 3. Jahrhundert vor Christus. Archäologen identifizierten ihn als Menelaos, der seinen toten Freund Patroklos birgt, doch haben Vandalismus und Verwitterung den einen bis auf ein Stück Bauch abgewetzt, den anderen zur Unkenntlichkeit verstümmelt. Menelaos' Arme und Beine fehlen ganz, und sein Gesicht ist nur noch eine unförmige Steinmasse.

In seiner Funktion als Stimme des Volkes wurde Pasquino 1913 im Viertel Trastevere durch ein Relief am Monument für Giuseppe Gioachino Belli geehrt. Der

römische Satiriker und Journalist, dessen Motto »Wir schreiben frech, doch wir leben sittsam« auf Ausonius zurückgeht, ließ im letzten Jahrhundert in frivol-frommen Sonetten die Plebs von Rom zu Worte kommen, wobei Kraftwörter und Obszönitäten die Authentizität seiner Dichtungen verbürgen.
Bellis Verse sind noch heute von verblüffender Aktualität, etwa *Eine schöne römische Sitte* aus dem Jahr 1834:

Von allen Spielen war früher das beste,
Die Wände mit Kohle vollzuschmieren.
Am liebsten suchten wir uns zum Verzieren
Ganz neue Häuser und noble Paläste.

Wir malten Schimpfwörter und Engel im Himmel,
Die Lottozahlen und Bilder von Tieren,
Und konnten uns ganz köstlich amüsieren,
Wenn einer mal Scheiße schrieb oder Pimmel.

Wir nahmen auch Stöcke, Nägel und Steine
Und ritzten Namen, je tiefer, je besser,
Der Putz mußte weg, das war ja das Feine!

Mich juckt es noch oft, wie in alten Zeiten,
Dann nehme ich Kreide oder das Messer
Und mach's wie damals, ich kann's nicht bestreiten.

Heute setzt das Volk diese Sitte mit Filzstift oder Spraydose fort, und zwar bevorzugt im Park auf dem Pincio-Hügel, wo die Alleen von Büsten illustrer Italiener gesäumt werden, ein Who's who? in Stein. Poeten, Maler, Musiker, Bildhauer, Philosophen, Wissenschaftler, Politiker, Generäle, Heilige – zweihundertachtundzwanzig sollen es sein, darunter – welche Ehre! – auch drei Frauen.

Die politischen Verhältnisse bestimmten, wer in das Park-Pantheon aufgenommen, wer ausgeschlossen wurde. In Ungnade gefallene Personen frisierten die Steinmetzen angeblich um – so soll sich der Häretiker Girolamo Savonarola in den unverfänglichen Musiktheoretiker Guido d'Arezzo verwandelt haben. Der revolutionäre Mönch wurde allerdings später rehabilitiert, denn er befindet sich heute in neuer Version wieder auf dem Pincio.

Marmornasen scheinen bei Souvenirjägern besonders beliebt zu sein; kaum haben die Restauratoren den Prominenten neue verpaßt, schlagen Unbekannte sie wieder ab. An Kundschaft fehlt es der plastischen Chirurgie in Rom nicht.

Weitere beliebte Sammlerobjekte sind angeblich das Schwert des heiligen Paulus auf der Engelsbrücke (wie es heißt, bereits schon siebenmal ersetzt), der Spazierstock von Giuseppe Gioachino Belli auf der gleichnamigen Piazza in Trastevere sowie der Kopf von Abate Luigi neben der Kirche Sant' Andrea della Valle – schon zweimal erneuert.

Während der Pincio-Park nahezu ausschließlich von Italienern bevölkert wird, trifft man in den Gärten der Villa Borghese auf eine internationale Gemeinschaft von Dichtern. England ist durch George Byron vertreten, Frankreich durch Victor Hugo, Ägypten durch Ahmad Shauqi, der Iran durch Abu'l-Qasim Mansur

Firdausi, Peru durch Garcilaso de la Vega und Deutschland – wie könnte es anders sein – durch Johann Wolfgang Goethe. Übrigens ein Geschenk von Kaiser Wilhelm II. an die Ewige Stadt. Alle sind derzeit noch im Besitz ihrer Nasen, nicht, weil Vandalen gern Gedichte lesen, sondern weil die teilweise beachtliche Höhe der Skulpturen von derartigen Anschlägen absehen läßt.

Das spektakulärste Attentat auf eine Marmornase ereignete sich Pfingsten 1972 im Petersdom. Das Riechorgan gehörte der Pietà, *capolavoro* des vierundzwanzigjährigen Michelangelo und einzige Statuengruppe, die der Künstler mit seinem Namen persönlich signiert hat. Gerade zehn Jahre zuvor war das vielbestaunte Werk in der Kapelle wesentlich tiefer ausgestellt worden.

Der Attentäter setzte der Madonna mit fünfzehn Hammerschlägen so zu, daß Nase, linker Arm sowie die Hand zu Bruch gingen. Vielleicht wollte er sie dadurch zum Sprechen bringen, so wie Michelangelo seinerzeit den Mose? In einem Gedicht von Clemente Giuntella funktionierte dieser jähzornige Belebungsversuch tatsächlich. Unter dem Hammerschlag seines Schöpfers begann Mose zu gähnen, reckte sich, ordnete seinen Bart und erhob am Ende seine Stimme.

Die Pietà dagegen blieb sprachlos, und die Restauratoren suchten zu kitten, was an Splittern (insgesamt waren es etwa fünfzig) noch zu retten war. Aufgrund der Maße eines dreißig Jahre zuvor abgenommenen Gipsabgusses wurde aus Marmorstaub und Kunstharz eine Ersatznase gegossen, die dem Original bis auf den Schimmer gleicht. Daß es sich um eine Prothese handelt, kann heute kein Mensch mehr erkennen, sosehr er sich auch die eigene Nase am Sicherheitsglas platt drückt.

Das Attentat hatte noch ein Nachspiel. Ein italienischer Journalist rückte wenige Tage später dem Mose von Michelangelo in der Kirche San Pietro in Vincoli mit einem Gummihammer zu Leibe. Mit dieser Aktion wollte er auf die Schutzlosigkeit bedeutender Kunstwerke hinweisen. »Der Mann wurde«, wie unser Chronist überliefert, »von den Umstehenden in seiner Tätigkeit nicht gehindert!«

Noch eine weitere Statue wird im Petersdom öffentlich ramponiert, wenngleich auf nahezu unsichtbare Weise. Das Küssen des rechten Zehs des Apostelfürsten soll – so die Überlieferung – bei Unfruchtbarkeit helfen. Ein Aberglaube, der Petrus bereits den halben Fuß gekostet hat. Er wurde ihm im wahrsten Sinne des Wortes weggeküßt. In ein paar Jahrtausenden dürfte auch der Rest der Bronzegestalt, die übrigens der Legende nach aus der Jupiterstatue des Kapitolinischen Tempels geschmolzen sein soll, ganz und gar verschwunden sein.

Ein anderer Statuenheiliger erfreute sich bis vor kurzem rotwangiger Gesundheit, obwohl sein Leib aus vergänglichem Holz geschnitzt wurde. Ein besonderes Holz allerdings, der Legende nach von einem Ölbaum aus dem Garten Gethsemane. Möglicherweise handelte es sich um die berühmteste Skulptur der Welt, die meisten Briefe und Telegramme bekam sie jedenfalls. Aus aller Herren Länder schreiben Hilfe-

suchende an den »Santo Bambino« in der Franziskanerkirche Santa Maria in Aracoeli auf dem Kapitol-Hügel.
Rubine, Perlen und Smaragde überkrusteten den sechzig Zentimeter kleinen Knaben, der wie ein Pascha inmitten seiner versammelten Luftpost thronte. Das Kind war angeblich der fähigste Doktor von Rom, jahrhundertelang kutschierte man es zu sterbenden Patienten. Und mitunter soll sein Besuch tatsächlich Wunder gewirkt haben. Es heißt, daß sich seine Lippen rot färbten, wenn es ihm gelang, einen Toten zurück ins Leben zu holen.
Im Jahr 1994 wurde der Bambino allerdings aus seiner Kapelle gestohlen. Bis jetzt fehlt jede Spur von ihm. An seiner Statt versieht heute ein Duplikat den Dienst als Hoffnungsträger und Krankenpfleger.
Im Heer der Statuen stellen die Geschöpfe Gian Lorenzo Berninis die größte Gruppe dar. Der Barock-Bildhauer gilt mit Recht als Roms rührigster Skulpturenproduzent: Der Triton auf der Piazza Barberini, David, die Wahrheit, Apollo und Daphne, Äneas, Anchises und Ascanius, Pluto und Proserpina, allesamt in der Galleria Borghese, der Brunnen-Mohr und die vier gigantischen Stromgötter, wohnhaft auf der Piazza Navona, sowie die heilige Theresa in der Kirche Santa Maria della Vittoria und die selige Ludovica Albertoni in San Francesco a Ripa stammen aus seiner Werkstatt beziehungsweise von seiner Hand.
Ein wenig eingebildet stehen Berninis zehn Engel der Passion auf dem Ponte Sant' Angelo Spalier. Zwei von

ihnen, den mit der Dornenkrone und den mit dem Schriftband I.N.R.I., schuf der Maestro in den Jahren 1667-69 selbst. Die Originale bekamen allerdings den ihnen zugedachten Standort nie zu sehen. Sie befinden sich seit Anfang des 18. Jahrhunderts unter dem schützenden Dach der Kirche Sant' Andrea delle Fratte. Angesichts des heutigen Denkmalverfalls durch Umweltverschmutzung ein sicheres Asyl.

Roms Skulpturen, die Jahrhunderte ohne größere Schäden überdauerten, sind in den letzten Jahrzehnten rapide gealtert. Wenig nützte bis jetzt die Reduzierung des Autoverkehrs im *centro storico* – gegen Steinfraß und Bronzekrebs scheint letztendlich nur die Evakuierung in geschlossene Räume zu helfen. Die optischen Lücken im Stadtbild könnten, den Originalfetischisten zum Trotz, durch Imitationen geschlossen werden, so wie auf dem Kapitol. Lieber ein Marc Aurel in Kopie als gar keiner.

X.
Römische Kuppeln

Sinnbilder des Himmels

Neun Meter Himmel und was er an Wetter so zu bieten hat, gehören zur permanenten Raumausstattung. Mal kreuzt ein Lichtbalken den Saal, oder dichter Regen fabriziert eine Mittelsäule, ganz selten wehen weiße Flockengardinen herab, und früher schneite es gar einmal im Jahr Rosenblätter, allerdings nicht auf Geheiß himmlischer Mächte, sondern als Pfingstwunder-Inszenierung der katholischen Kirche.

Die Römer nennen das Pantheon »la rotonda«, die Runde, was die Sache im Kern trifft. Denkt man sich seine Kuppel zum Kreis vollendet, ergäbe sich eine Kugel, die exakt dem Fußboden aufläge, das heißt: ihr Durchmesser entspricht mit 43,30 Metern auf den Zentimeter genau ihrer Höhe. Architektonische Vollkommenheit, so die revolutionäre Entdeckung der Antike, ist mathematisch bedingt.

Seit Jahrtausenden hatten sich die Baumeister an einer runden Überdachung die Zähne ausgebissen. Sardische Nuraghenarchitekten probierten es mit der Aufschichtung vorkragender Steinblöcke, die Etrusker perfektionierten dieses Prinzip in ihren Grabstätten, doch erst den Römern gelang eine monumentale Wölbung. Die Nachwelt hielt die Thermen mitunter für Tempel, solche Imposanz zieme sich nur für Sakralarchitektur, dachte man. Ein folgenreiches Mißverständnis.

In einer Badeanstalt am Averner See meinte man einen Apollotempel zu erkennen, in Baias Etablissements wurden Heiligtümer der Diana, der Venus und des Merkur hineininterpretiert, und in Rom stieg ein Nymphäum (noch heute hinter dem Hauptbahnhof zu sehen) flugs zur Minerva-Kultstätte auf – für die Zeitgenossen der Renaissance das schönste Gebäude der Stadt, nach dem Pantheon.

Während der sogenannte Tempio di Minerva Medica im Jahr 1828 einstürzte, haben sich die Kuppeln zweier Säle der gegen Ende des 3. Jahrhunderts errichteten Diokletians-Thermen erhalten. Die eine, mit einem schmucken Dekor konzentrischer Kassetten stark an das Pantheon erinnernd, kreist über der runden Zisterzienserkirche San Bernardo alle Terme. Die andere überwölbt mit zweiundzwanzig Metern Durchmesser eine der jüngsten Errungenschaften der römischen Museumslandschaft: die 1991 eröffnete Rotunda Diocletiani des Museo Nazionale Romano mit einer erlesenen Kollektion antiker Skulpturen aus verschiedenen Thermen.

Anfang des 17. Jahrhunderts als Kornspeicher benutzt, fungierte die antike Thermenhalle kurzzeitig als Filmprojektionssaal und Planetarium, wofür im Inneren eine auf vierundzwanzig Gußeisensäulchen schwebende Kuppel gespannt wurde, deren Filigran die Wölbung der antiken Dachschale großartig betont. Am Boden zeichnet ein Glasflenster das Oktogon des Kuppelfensters nach: Dieses öffnet den Blick gen Himmel, jenes auf die römischen Fundamente unter dem Fußboden.

Die Verwechslung von Profan- und Sakralarchitektur war folgenreich, insofern die Architekturtheoretiker der Renaissance davon ausgingen, die Heiligtümer der Antike seien in der Hauptsache Zentralbauten gewesen. Tatsächlich ist ja auch Roms besterhaltenes Gebäude ein Rundtempel, doch handelt es sich beim Pantheon eher um eine Ausnahme als um die Regel.

Nach Blitzschlag und Brand im 2. Jahrhundert unter Hadrian von Grund auf neu gebaut, gelang den Römern mit seiner Überdachung durch eine kassettenverzierte Halbkugel ein epochaler Geniestreich.

Epochal? Mehr! Wegen der technischen Unmöglichkeit, einen Dom von diesem Ausmaß auf eine nur etwa sechs Meter starke Mauer zu setzen, bedienten sich die römischen Ingenieure diverser Tricks. Zum einen trägt ein raffiniertes System aus Stützen und Streben in der Wand die Hauptlast, zum anderen besteht die Dachschale aus drei immer dünner werdenden Zonen, geschichtet aus immer leichter werdenden Baumaterialien wie beispielsweise Tuff und Bimssteinbrocken.

Im Innern zeigt sich dem Betrachter dagegen eine atemberaubende Halbkugel, die wohl ursprünglich mit Sternen auf blauem Grund geschmückt war – eine Darstellung des Kosmos. Anstatt des Schlußsteines steht die Kuppel dem Himmel offen, so daß die Sonne Tagundnachtgleiche, Sonnenwenden und Uhrzeit anzeigen konnte.

Fabulanten wissen darüber hinaus, daß man sie ganz ohne Gerüste baute. Und das ging so: Erde wurde mit beigemischten Geldmünzen haushoch aufgeschüttet und darüber das Dach gewölbt. Als es fertig war, schenkte man dem römischen Volk den Goldschatz. Es soll keine vierundzwanzig Stunden gedauert haben, bis der Berg unter der Kuppel verschwunden und ein paar hundert Meter weiter der »Monte Citorio« entstanden war!

Wer dieses Wunder der Statik vom Pincio-Hügel oder vom Gianicolo aus betrachten will, wird allerdings enttäuscht: Von außen erscheint das Pantheon lediglich als eine relativ flache Kalotte, die im Häusermeer höchstens durch den Umfang auffällt. Die Kuppel-Halbkugel ist fast vollständig im Mauermantel des Unterbaus und den Stufenringen des Oberbaus versunken. Ihre vergoldeten Bronzedachziegel hat man im 7. Jahrhundert demontiert und später durch Bleiplatten ersetzt.

In der Renaissance wurden die mathematischen Dogmen architektonischer Vollkommenheit wieder ausgegraben. Einige Theoretiker behaupteten, daß der Gottesdienst einer Kirche nichts tauge, wenn diese nicht in zahlenmäßig perfekten Proportionen gebaut würde. Was aber ist vollkommener, Würfel oder Kugel? Im Streit zwischen den beiden geometrischen Prototypen siegte das Runde.

Leon Battista Alberti, inspiriert von Vitruvs Prinzipien antiker Baukunst, sollte zum theoretischen Wegbereiter der Renaissance-Architektur werden. Er preist runde Grundrisse für den Bau von Tempeln, da auch die Natur in ihren Manifestationen die Rundform bevorzuge. Rund ist die Erde, rund sind die Baumkronen, Blumen, manche Tiere nebst ihren Nestern, und als rundes Gewölbe erscheint den Menschen der gestirnte Himmel. Ihn sollte die Kuppel darstellen.

Der Kreis erfüllt besser als jede andere geometrische Figur die klassische Definition, welche besagt, daß Schönheit in der harmonischen Proportionalität aller Teile eines Gebäudes bestehe, so daß nichts ergänzt oder fortgenommen werden könne, ohne die Wirkung des Ganzen zu stören.

Bereits Vitruv hatte im 1. Buch seiner Baukunst grundlegend gefordert: »So wie beym menschlichen Körper Ebenmass im Ellbogen, Fuss, Hand, Finger und in den übrigen Gliedern herrscht; eben also muss es auch bey dem aufzuführenden Gebäuden vorhanden seyn.« Analog der christlichen Überzeugung, daß der Mensch als Ebenbild Gottes die Harmonien des Weltalls verkörpere, galten Proportionen und Zahlenverhältnisse seines Körpers als allgemeingültiges Maß der Schöpfung. Und tatsächlich läßt sich dem Kreis und dem Quadrat die Gestalt eines Menschen mit ausgestreckten Händen und Füßen einfügen, so wie Leonardo da Vinci es in seiner berühmten Zeichnung zeigt. Mikrokosmos und Makrokosmos entsprechen sich.

Zentralisierende Räume schienen sich unter dieser Prämisse besonders gut als symbolische Manifestation des Göttlichen zu eignen. Die Pracht der sphärischen Kuppel wurde zum Abglanz göttlicher Vollkommenheit. Um ihre kosmische Dimension noch besonders zu unterstreichen, sollte sie nach Möglichkeit mit einer gemalten Version des Firmaments dekoriert und sollten die Fenster so hoch angebracht werden, daß man durch sie nur den Himmel sehen könne.

Die Überzeugung der Baumeister, daß die sichtbare Welt, wie sie in geometrisch vollendeter Kirchenarchitektur zutage tritt, die metaphysische Welt erschließe, zeitigte ab Ende des 15. Jahrhunderts eine Inflation kuppelgekrönter Zentralbauten, als Entwurfszeichnung, Gemäldehintergrund oder als Gebäude.

Das in dieser Hinsicht genialste Werk, nachgerade eine Inkarnation der Theorien vom idealen Sakralbau, ist der Tempietto, den Bramante 1502 im Klosterhof von San Pietro in Montorio auf dem Gianicolo-Hügel erbaute, an ebender Stelle, auf der nach einer Legende das Kreuz des Petrus gestanden haben soll.

Ein Gebäude wie eine Skulptur! Das Miniaturbauwerk bezeichnet den absoluten Höhepunkt der Renaissance-Architektur. Es ging nicht mehr um den Gebrauchszweck, sondern einzig um die Harmonie ausgewogener Proportionen.

Vollkommener ließ sich nicht bauen, größer allerdings! Bramante wollte sich selbst übertreffen, als er für den Neubau der über tausend Jahre alten Peterskirche die Idee erwog, das Pantheon auf die Maxentius-Basilika zu türmen. Sein Plan einer imponierenden Kuppel über dem Grundriß eines griechischen Kreuzes mit vier gleich langen Armen ignorierte allerdings die abendländische Bautradition ebenso wie die

liturgischen Gebräuche. Deshalb wurde er von seinen Nachfolgern modifiziert. Sie gaben dem lateinischen Kreuz, seit dem Mittelalter symbolisches Abbild des Gekreuzigten, den Vorzug.
Nach vielem Hin und Her griff der zweiundsiebzigjährige Michelangelo um das Jahr 1547 erneut Bramantes Idee auf: eine Kuppel, wie sie die Welt noch nicht gesehen hatte, über griechischem Kreuz! Die Kuppel wurde tatsächlich nach seinen Entwürfen ausgeführt, den Kirchenbau erweiterte Carlo Maderno jedoch auf Wunsch von Papst Paul V. zu einem lateinischen Kreuz, was die Wirkung des grandiosen Himmelsdomes nachträglich verpfuschte, da sein Tambour aus der Nähe gänzlich hinter Langhaus und bombastischer Fassade verschwindet.
Wie Kirche und Kuppel hätten wirken können, wenn es bei Bramantes/Michelangelos Grundriß geblieben wäre, ahnt, wer die Anlage von der Rückseite aus betrachtet, wozu es allerdings einer Genehmigung für den Besuch der Vatikanischen Gärten bedarf.
Was das Pantheon für Bramante war, Urbild und Herausforderung, war die Hagia Sophia für Sinan, den Staatsarchitekten des Osmanischen Reiches. Er war ein Zeitgenosse Michelangelos, hatte weder Rom noch Florenz jemals gesehen und doch das Hauptthema der Renaissance zur Leidenschaft seines Lebens gemacht. Er konstruierte Hunderte von Kuppeln, die meisten davon für die Moscheen von Istanbul/Konstantinopel, der einzigen Stadt, die Rom seither den Rang als Kuppel-Metropole streitig machen könnte.
Auch die Hauptstadt des Katholizismus besitzt seit

1992 eine kuppelgekrönte Moschee, noch dazu die größte außerhalb der islamischen Grenzen. Für die einen ist sie ein Symbol religiöser Toleranz, für die anderen ein kulturelles Desaster. Daß Reisende, die sich Rom auf der Via Salaria nähern, die Litanei eines Muezzins vernehmen könnten, noch bevor sie überhaupt Sankt Peter gesehen haben, ist für römische Erzkatholiken ein Alptraum.

Der Vatikan hatte sich seinerzeit mit dem Bau eines islamischen Gotteshauses einverstanden erklärt, unter der Auflage, daß das Minarett die Kuppel der Peterskirche nicht überragen würde. Mit seinen neunundzwanzig Metern erfüllt es diese Bedingung heute ohne Schwierigkeiten.

Die große Zentralkuppel, umgeben von sechzehn kleinen Kuppeln, gibt sich in der Höhe ebenfalls bescheiden. Die Moscheen von Cordoba in Spanien und Tlemcen in Algerien standen bei ihrem Entwurf Pate. Eklektizismus wurde dem italienisch-iranischen Architektenteam zum Stilprinzip. Römisch-antike Traditionen verbinden sich nahtlos mit islamischen Einflüssen.

Michelangelos *cupola* (eine Doppelschalen-Konstruktion) bleibt die höchste gemauerte Kuppel der Welt, mit ihrem Durchmesser von 42,56 Metern ist sie allerdings sechsundsechzig Zentimeter kleiner als die Pantheons-Halbkugel. Dafür sieht man den monumentalen Bau bei klarem Wetter noch aus über dreißig Kilometern Entfernung.

Die Technik der Kuppel-in-der-Kuppel hatte erstmals Filippo Brunelleschi im Dom von Florenz ausprobiert. Bis zur Fertigstellung der Peterskirche war sie die kühnste Kuppel des Abendlandes. Zur Einweihung im Jahr 1436 komponierte der Niederländer Guillaume Dufay eine Festmusik, wie es heißt, nach Albertis Zahlenverhältnissen, denn dieselben Harmonien, die in geometrisch vollendeter Architektur walten, sollten auch in der Musik hörbar werden.

Im Verlauf der Gegenreformation kamen Zentralbauten bei den Kritikern in Verruf. Nicht allein, daß ihr Grundriß die Abgrenzung des Klerus von der Gemeinde erschwere und sich wenig für riesige Menschenmengen eigne, man warf den Kopien nach der Antike auch ihren nichtchristlichen Ursprung vor.

Insbesondere der Mailänder Erzbischof Carlo Borromeo brandmarkte die Kreisform als heidnisch und propagierte die Rückkehr zum lateinischen Kreuz. Welche Ironie der Geschichte, daß ausgerechnet die beiden ihm gewidmeten Kirchen als Zentralbauten realisiert wurden:

San Carlo ai Catinari in der Nähe des Campo de' Fiori hat ein griechisches Kreuz zum Grundriß. Ihre bildschöne, fast fünfzehn Meter durchmessende und durch zwölf Rundbogenfenster erleuchtete Kuppel ist wie durch ein Wunder erhalten. Im 17. Jahrhundert schlug der Blitz ein, im 18. Jahrhundert ein zweites Mal, im 19. wurde die Kirche durch einen Kanonenschuß lädiert, im 20. von einem Erdbeben. Doch noch immer steht sie!

San Carlo alle Quattro Fontane dagegen hat einen rhombusförmigen Grundriß sowie eine ovale Kuppel, die so winzig ist, daß sie mitsamt Kirche und Kloster-

hof in einem der Kuppelpfeiler von San Pietro Platz fände. Ein perspektivisch sich verkleinerndes Kassettenrelief verleiht ihr optisch größere Höhe.
Als ihr Architekt zeichnet Francesco Borromini, der sich auch die launische Kuppelphantasie der Universitätskirche Sant' Ivo alla Sapienza (innen eine sechsblättrige, weiß-goldene Blume, außen durch den schneckenförmigen Turm eine bizarre Krone) ausdachte.
Dachschalen-Konstruktionen hatten trotz Abkehr von Zentralbauten weiterhin Konjunktur, ließen sie sich doch in gewisser Weise als Siegesarchitektur interpretieren, so man will, als überdimensionale Triumphbögen.
Im Jahr 1622 wurde die Kirche Sant' Andrea della Valle überkuppelt, die auf ausdrücklichen Willen des Kardinals Alessandro Peretti-Montalto mit Sankt Peter konkurrieren sollte. Tatsächlich trägt sie den zweithöchsten Himmelsdom der Stadt, eine Schöpfung Carlo Madernos, jenes Architekten, der Michelangelos Kuppel durch seine Fassade um die Nahwirkung brachte.
Mit Gründung des Jesuitenordens, von dem man sich den erfolgreichen Kampf gegen die Reformation versprach, kam es in Italien zu einem neuerlichen Boom der Kuppelarchitektur. Schließlich ging es darum, die Gläubigen mitzureißen und die Ungläubigen zu überwältigen, jedes Mittel war da willkommen. Und was ist spektakulärer, theatralischer, suggestiver als eine Kuppel, deren prächtige Bilder in glorreicher Vision den Himmel selbst zu öffnen scheinen!

Prototyp der kuppelgekrönten Barockkirche wurde Il Gesù, Mutterkirche der Jesuiten. Ihr lichtdurchfluteter, ab 1672 mit dem Paradies freskierter Vierungsdom avancierte noch im gleichen Jahrzehnt zur Sightseeing-Attraktion. Chronisten berichten, daß Christine von Schweden sich extra herbemühte, um die Kuppel zu bewundern.

Gewölbemalerei sei überflüssiger Luxus, »der in Kirchen völlig verlorengeht. Denn kein Mensch gibt sich die halsbrechende Mühe, die Gemälde einer Kuppel zu betrachten.« Ferdinand Gregorovius kannte offensichtlich Sant' Ignazio di Loyola nicht. In der zweiten großen Jesuitenkirche Roms gibt es keine Kuppel ohne Gemälde, oder anders ausgedrückt: Das Gemälde selbst ist die Kuppel! Ein *capolavoro* gemalter Scheinarchitektur, das mit sensationellen perspektivischen Tricks vortäuscht, was geplant, jedoch nie gebaut wurde.

Strenggenommen handelt es sich um eine Verlegenheitslösung. Verschiedene Entwürfe dokumentieren die Absicht, die Vierung imposant zu wölben, was am Ende aus bautechnischen Gründen unterblieb. Statt dessen wurde im Jahr 1685 eine verblüffend plastische Scheinkuppel, Werk von Andrea Pozzo, geschaffen: das mit siebzehn Metern Durchmesser größte Leinwand-Ölgemälde Roms.

Keine hundert Jahre später war der schöne Schein unter Rußschichten begraben und wurde dann im 19. Jahrhundert durch eine Kopie ersetzt, die sich jedoch nicht lange hielt. Eine Zeitlang verdeckte daraufhin ein mit Sternen verzierter Stoff das Loch, bis schließlich im Jahr 1963 das restaurierte Original wieder an seinen ursprünglichen Platz montiert wurde.

Bekannt ist, wie viele Kirchen die Stadt besitzt; wie viele Kuppeln sie hat, weiß niemand. Sie zu zählen ist auch gar nicht so einfach, da nicht alle Kuppeln von außen zu identifizieren sind. Santa Maria della Vittoria zum Beispiel verbirgt ihre Schale unter einem Ziegeldach.

Als Aussichtspunkt für Roms Kuppel-Skyline empfiehlt sich der Petersdom, bis zur Spitze 136,57 Meter hoch. Ein Abenteuer, ihn zu besteigen. Nicht schwindelfreie, kurzatmige oder an Klaustrophobie leidende Personen sollten tunlichst darauf verzichten. Hundertfünfundvierzig Stufen (oder der Aufzug) führen auf die Dachterrasse und von da ins Innere, wo man vom unteren Gesims aus dreiundfünfzig Metern Höhe auf Berninis Baldachin hinunterblickt. Der durch sechzehn Tambourfenster erhellte Kuppelraum ist rings um die Laternenöffnung nach guter antiker Manier mit goldenen Sternen auf nachtblauem Grund verziert.

Hier beginnt die eigentliche Kuppelersteigung, dreihundertzwanzig Stufen schmalster Aufgang, doch ohne Gegenverkehr. Der Weg führt zwischen den beiden kapitalen Mauerschalen hindurch und am Ende hinaus unter den offenen Himmel hoch über die Kuppeln Roms – jede einzelne Sinnbild des Firmaments.

XI.
Römische Friedhöfe

»Ich spür' die Blumen wachsen über mir«

Friedhöfe in Rom: Das ist Stille im Verkehrslärm, Schatten in glühender Nachmittagssonne, ein Spaziergang durchs Grüne mitten in der Großstadt. Jedenfalls für Reisende.

Die Römer selbst hegen eher eine Scheu vor ihren Beerdigungsstätten. Romantische Friedhofssehnsucht ist ihnen fremd, ja geradezu unheimlich. So aufwendig sie ihre Angehörigen einerseits zu Grabe tragen, so tabubeladen bleibt der Ort der letzten Ruhe hinterher. Kein Gedanke daran, die Äcker der Toten als Erholungsort für die Lebenden auszubauen. Man besucht sie nur, wenn es unbedingt sein muß. Und einmal im Jahr, an Allerseelen, muß es eben sein.

Protestanten haben in dieser Hinsicht weniger Widerstände zu überwinden, macht man sich jenseits der Alpen doch schon lange Gedanken darüber, wie der Friedhof als Ort des Verweilens und der inneren Erbauung genutzt und ästhetisch gestaltet werden könne. Den Friedhofsgärtnern in Deutschland geht es mindestens so sehr um die Augenlust der Lebenden wie um die Ruhe der Toten. Anders in Italien. Hier würde kein Mensch ein Grab besuchen, um sich an seinem Blumenschmuck zu freuen. Davon, daß die *ci-*

miteri zu den schönsten Baumgärten des Landes zählen, will niemand etwas wissen.

Eine böse Zunge hat einmal gesagt, Rom sei nichts weiter als ein einziger großer Friedhof. Und tatsächlich verdankt die Stadt einen Teil ihres Ewigkeitsmythos den Gräbern. Die meistbesuchten Sehenswürdigkeiten, Engelsburg, Pantheon und Peterskirche, sind entweder als Grabweihestätte konzipiert oder später dazu umfunktioniert worden. Ja, selbst das Kolosseum soll einmal als möglicher Hauptfriedhof zur Diskussion gestanden haben.

Die ersten christlichen Begräbnisplätze waren die Katakomben. Fünf Millionen Menschen wurden im Laufe der Zeit vermutlich darin bestattet. In der Antike lagen sie außerhalb des Stadtgebiets, denn das römische Recht verbot von jeher die Beisetzung der Toten innerhalb der Mauern. Die unterirdischen Gänge aneinandergereiht ergäben die Strecke von München nach Rom. Tatsächlich besitzen manche bis zu vier Stockwerke übereinander.

Drohende Verwüstung der Katakomben durch die Barbaren soll im 7. Jahrhundert eine Umbettung der Toten erzwungen haben: Sie wurden angeblich ins Pantheon evakuiert, kaum daß dieses zur christlichen Kirche geweiht worden war. Nicht jedoch die achtundzwanzig Wagenladungen Gebeine machten es als Mausoleum berühmt: Unter seiner Kuppel ruht auf eigenen Wunsch Raffael, heute in enger Nachbarschaft mit Italiens Königen.

Daß auch die wehrhafte Engelsburg, der Päpste Zuflucht in unruhigen Zeiten, ursprünglich ein Grab gewesen ist, sieht man ihr nicht an. Das Mausoleum dürfte einen gewaltigen Eindruck gemacht haben, vollkommen mit Marmor verkleidet und mit einem Wald von Zypressen auf der obersten Plattform, über dem sich – nach einer der möglichen Rekonstruktionen – eine Bronzequadriga mit Kaiser Hadrian in Gestalt des Sonnengottes befunden haben soll.

Seele du, schweifende, zärtliche,
Leibes Gefährtin und Gast,
Nun führt ins düstere Reich
Fröstelnder Schatten dein Weg,
Und nie scherzest du fürder wie einst

– das letzte Gedicht des sterbenden Kaisers kann heute, wer des Lateinischen mächtig ist, in dem Raum, wo einst möglicherweise seine Aschenurne stand, nachlesen.
Ein Grab gibt es in Rom, das besuchen jeden Tag viele tausend Menschen. Andächtig stehen sie im Halbkreis davor, manchmal kniet eine Reisebusladung voller Mönche ringsum und läßt mehrstimmig ein Sanctus erklingen. Das Grab wird von einem haushohen Baldachin überschattet, eine riesige Kirche wurde einzig errichtet, es zu schützen und zu verherrlichen. Dabei war jahrhundertelang nicht geklärt, ob überhaupt »der Richtige« darin lag. Doch spielte das für seine Verehrung keine Rolle. Bei Toten kommt es ja nicht darauf an, was materiell erhalten bleibt, sondern was spirituell hinterlassen wird. Und das ist im Fall des Petrus nicht wenig.

Gleich nebenan in den Vatikanischen Grotten ruhen die Nachfolger des ersten Stellvertreters Christi, ein Heer von Päpsten nebst einer Handvoll Kaisern und Königen und ungewöhnlicherweise auch einer Dame: der königlichen Ex-Protestantin Christine von Schweden nämlich, »lebendige Trophäe der Gegenreformation«, wie ein Chronist sie nannte. Auf dem Sarkophag von Johannes XXIII. ganz in der Nähe liegt eine frisch geschnittene rote Rose.

Warum werden Beerdigungsstätten mit Blumen geschmückt? Vielleicht – ein Relikt aus heidnischer Zeit –, um den Entschlafenen ein Opfer darzubringen. Das blühende Leben der Pflanzen wird zum Sinnbild lebendiger Erinnerung, ja der Unvergänglichkeit der Seele überhaupt. Indem ein Grab gepflegt wird, pflegt man das Gedenken dessen, der darin liegt. Der Beigesetzte stirbt im Grunde erst, wenn das Wissen um ihn verlorengeht. Dieses wachzuhalten ist eine weitere Funktion der Friedhöfe.

Daß in Italien die Grabpflege mitunter an Totenkult grenzt, geschieht aber nicht zuletzt aus Eigennutz. Wer einen Verwandten auf dem *cimitero* hat, besitzt sozusagen einen direkten Draht nach »oben«. Man muß sich gut mit den Toten stellen, will man ihrer Hilfe als Fürsprecher versichert sein.

Insofern das Christentum vom Sterben kein Aufhebens macht, haftet dem Gräberkult immer etwas Heidnisches an. Eine übertrieben prunkvolle *tomba* vergötzt den Tod, anstatt seine Überwindung zu dokumentieren.

Die Gräber auf dem Campo Verano wissen von derlei

protestantischen Skrupeln nichts. Der *cimitero* hinter der Universität gehört architektonisch zu den größten und prächtigsten von Rom. Er ist eine Stadt in der Stadt: In der einen »wohnt«, in der anderen »ruht« man.

Im Jahr 1835 als römischer Hauptfriedhof gegründet und in den achtziger Jahren zum Nationaldenkmal erklärt, ist er ein uraltes Begräbnisfeld. Zur Zeit der Christenverfolgung wurden hier in der Katakombe der Ciriaca die Märtyrer beigesetzt, darunter im Jahr 258 auch der heilige Lorenzo, nach dem das Viertel noch heute benannt ist.

Vier Kolossalstatuen – die Stille, die Wohltätigkeit, die Hoffnung und die Meditation – bewachen den dreitorigen Haupteingang; den arkadengesäumten Innenhof beherrscht ein monumentaler Christus. Alljährlich am 2. November erweisen ihm die Römer mit Abertausenden von Blumen ihre Reverenz.

Der Verano ist so ausgedehnt, daß er dem Autoverkehr offenstehen muß. Die Zeiten, in denen ein Geldschein die Fahrgenehmigung ersetzen konnte, sind allerdings zum Leidwesen gehfauler Italiener vorbei. Es gibt breite Boulevards und kleine verschwiegene Gassen, sonnenüberflutete Piazze sowie schattige Treppen. Was es im Unterschied zu deutschen Friedhöfen nicht gibt, sind Bänke. Wer sich setzen möchte, muß mit einem Grabstein vorliebnehmen.

Grabmäler sind Kulturzeugnisse. Klassizistisch oder neobarock, heroisch antikisierend oder romantisch verspielt, Biedermeier, Gründerzeit oder Beton-Moderne. Was sich ringsum auftürmt, entbehrt jeder

Einheitlichkeit und ist doch für sich gesehen nicht stillos.
Kein Friedhof ist reicher an steinernen und eisernen Memento mori. Urne, Stele, Obelisk, Pyramide oder Kreuz: der Formen sind unzählige. Allüberall Vanitas-Symbole: abgebrochene Säulen, Totenköpfe und Gerippe. Dagegen stehen Stern und Sonne als Sinnbilder der Auferstehung; ein Lorbeerkranz symbolisiert Vollendung, ein Lilienzweig Reinheit.
Häufig wird versucht, etwas vom Wesen des Dahingeschiedenen in der Gestaltung seines Denkmals aufzubewahren. Auf dem Grab der Grazia Deledda zeugt ein Nuraghe von der sardischen Heimat der Schriftstellerin. Büsten vermitteln eine Ahnung davon, wie die Toten zu Lebzeiten ausgesehen haben. Wo das Geld nicht für Bronze oder Marmor reichte, trotzen Fotografien der Vergänglichkeit des Fleisches.
»Was ihr seid, waren wir – was wir sind, werdet ihr sein« – mal wendet sich jemand über die Inschrift direkt an den Betrachter, andere Steine wieder tragen nur die notwendigsten Angaben zur Person, gerade, was auf eine Visitenkarte paßt.
Im Tod hat es hier mancher wie im Leben. Wer es zu Lebzeiten zur Luxusvilla gebracht hat, will auch im Jenseits nicht darben. Eine eigene Kapelle muß es schon sein, mit Buntglasfenstern, Marmorfußboden, prächtigen Leuchtern – darunter macht man es nicht.
Andere wieder »wohnen« in den Schubfächern einer Mietskaserne, achtstöckig übereinander, ganz so wie im Leben. An den Verschlußplatten der *loculi* kleben,

Etiketten ähnlich, kleine, gerahmte Porzellan-Fotografien, die die Verstorbenen in der Blüte ihres Daseins zeigen und diese gleichsam bis in alle Ewigkeit verlängern.

Im Juli 1990 schlug die römische Presse Alarm. Der Campo Verano platze aus allen Nähten: Vierhundert Leichen warteten auf ihr Grab, die Särge könnten vorerst nur provisorisch bestattet werden. Der Totenhain war voll. Nicht, daß es in der Ewigen Stadt sonst keine Friedhöfe gäbe, den von Prima Porta etwa, aber eine *tomba* auf dem Verano gilt noch immer als Statussymbol schlechthin.

Das italienische *non-fare-brutta-figura* (keine schlechte Figur machen) bestimmt das Leben des Römers bis über das Ableben hinaus. Im übrigen liegt man auf dem Verano in prominenter Gesellschaft: Roberto Rossellini und Sergio Leone ruhen hier, Alberto Moravia Pincherle, Natalia Ginzburg und Marcello Mastroianni gehören zu den letzten Neuankömmlingen.

Auf der Piazzale del Verano beginnen bei Tagesanbruch Elda, Peppa und Marietta ihre Waren aufzutürmen, taufrisch vom Markt, damit die Kundschaft, wenn sich um 7.30 Uhr die Friedhofstore öffnen, auch sofort bedient werden kann. Die Auswahl ist bei allen gleich: Chrysanthemen natürlich, Lilien, Gladiolen und die unvermeidlichen Nelken.

Nähert sich eine potentielle Käuferin, hebt das Werben an. Wie die Hühner um das Maiskorn streiten sie sich um jeden Besucher, der vorbeigeht. Und selbst wenn man keinen Strauß kaufen will, drängen sie – so unterwürfig wie aufdringlich – mit ihrem »Venga, venga!« (Kommen Sie!). Zeigt man sich unentschieden oder wählerisch, legen sie einem die Hand auf die Schulter und reden einem gut zu wie einem störrischen Kind.

Blumen sind so ziemlich das einzige, was man laut Friedhofsordnung ungehindert einführen darf. »Non si fuma«, essen tut man auch nicht, und trinken schon gar nicht. Artikel 123 verbietet das Betreten des Begräbnisplatzes in »unschicklicher oder nicht gebührlicher« Kleidung, lautes Sprechen ist ebenfalls nicht erwünscht, Zuwiderhandlungen werden mit Geldstrafen geahndet.

In Neapel ist man in diesen Punkten großzügiger. Am 2. November verlassen die Neapolitaner ihre Häuser, um den Allerseelentag bei den Toten zu verbringen. Sogar Stühle werden eingepackt, denn es darf mit Gästen gerechnet werden. Der Friedhof wird zum Freiluftsalon, zu einer Art Audienzsaal. Man macht es sich an den Gräbern bequem, notfalls unterm Regenschirm, und »empfängt«: Geschwister, die sich das Jahr über nicht sehen, Mütter, denen durch Heirat die Söhne abhanden kamen.

An diesem Tag vereinen sich alle bei den Gestorbenen, die auf diese Weise zum Garanten der Familienbande werden. Und rings um den *cimitero* bauen fliegende Händler ihre Stände auf; es duftet nach Zuckerwatte und gebrannten Mandeln. Am Abend ist der Spuk vorbei, die Lebenden kehren heim in ihre Häuser, die Toten zurück in ihre Gräber. Bis zum nächsten Jahr.

Roms außergewöhnlichstes Grab wurde kurz vor Beginn der Zeitrechnung aufgetürmt. Das Land der Pharaonen war gerade erobert und die Ägyptenmode ausgebrochen. Wer auf guten Geschmack hielt, umgab sich mit Nil-Souvenirs. Wenn man schon nicht so leben konnte wie der Pharao, dann wollte man doch wenigstens bestattet werden wie ein ägyptischer Herrscher: in einer Pyramide.
Was in dreihundertdreißig Tagen für den Prätor und Volkstribun Caius Cestius Epulone gebaut wurde, gleicht der Pyramide des Cheops – allerdings im Westentaschenformat. Siebenundzwanzig Meter hoch ist der Marmorkegel bei der Porta San Paolo.
In seinem Schatten liegt ein Friedhof, dem der englische Dichter Percy Bysshe Shelley den Trost zugeschrieben haben soll, sich in den Tod verlieben zu können, so man in seiner Erde schlafen darf.
Mit diesem Wunsch war er nicht der erste:

O wie fühl' ich in Rom mich so froh! gedenk' ich der Zeiten,
  Da mich ein graulicher Tag hinten im Norden umfing,
Trübe der Himmel und schwer auf meine Scheitel sich senkte,
  Farb- und gestaltlos die Welt um den Ermatteten lag,
Und ich über mein Ich, des unbefriedigten Geistes
  Düstre Wege zu spähn, still in Betrachtung versank

beginnt Goethes schönste, die siebte *Römische Elegie*. Und sie endet mit der Bitte:

> Dulde mich, Jupiter, hier, und Hermes führe mich später,
> Cestius' Mal vorbei, leise zum Orkus hinab.

Bis Anfang der achtziger Jahre war der sogenannte a-katholische Friedhof frei zugänglich, dann zwang Denkmalsraub zum Schließen. Seitdem bittet ein Schild am Eingang: »Please ring the bell.« Unübersehbar große Travertin-Tafeln weisen den Weg zu den VIPs: »To Mead, Humboldt, Carstens, Keats, Severn.« Es galt vielen Fremden von jeher als Privileg, in Rom begraben zu liegen. Und womöglich stirbt es sich tatsächlich leichter in der Ewigen Stadt, wo jedes Leid geringer scheint und die Vergänglichkeit zum Alltag gehört.

»Zuerst die Vorschriften!« mahnt an diesem Morgen der Direktor. Ohne Lesen kein Zutritt. Das Reglement ist auf deutsch, englisch, italienisch, französisch und schwedisch abgefaßt. Russisch fehlt, obgleich nicht wenige Russen ihre letzte Ruhe bei der Pyramide fanden.

Der *cimitero* hat übrigens seine katholische Entsprechung, wenn auch nur für Angehörige der deutschen Erzbruderschaft sowie einiger deutscher Ordenshäuser und Kollegien, im Camposanto Teutonico, dessen Erde – so heißt es – von Golgatha stammen soll. Er ist seit mehr als einem Jahrtausend in deutschem Besitz, und das mitten im Vatikan.

Auch der mit fünfundzwanzig Jahren an Schwindsucht gestorbene John Keats ruht bei der Cestius-Pyramide. Es berührt eigen, betrachtet man die frischen Sträuße auf dem Grab des Jünglings, der in früher Todesahnung gesagt haben soll: »Ich spür' die Blumen wachsen über mir.« Anstelle seines Namens ziert eine Inschrift die letzte Ruhestatt des Dichters: »Here lies One Whose Name was writ in Water.«
Keats ist nicht der einzige, dessen Namen der Grabstein verschweigt. Hundert Meter weiter bleibt noch einer ungenannt. Das heißt, einen Namen nennt das Grab, doch gehört er nur zur Hälfte dem, der darin liegt: »Goethe filius« steht lapidar auf dem Marmor, von »August« keine Rede. Ein Kuriosum, daß der Ruhm des Vaters die Identität des Sohnes noch über den Tod hinaus erdrückt.
Um viele Marmorsteine ranken sich kunstvoll Rosen und Jasmin, hier und da glänzt ein Kamelienbäumchen oder eine Dattelpalme. Duftender Lavendel, Oleander und Hortensien, der Hibiskus leuchtet weithin, Granatäpfel reifen im dunklen Laub.
Eine letzte Ruhestätte suche ich auf dem Anger vergeblich: Die Wahlrömerin Ingeborg Bachmann, bis zu ihrem Tod wohnhaft im Palazzo Sacchetti in der Via Giulia, wurde in Klagenfurt beerdigt.
Die älteren Gräber sind mit pflegeleichtem Efeu bepflanzt, so das von Malwida von Meysenbug. Eine dunkel getigerte Katze tritt aus seinem Schatten wie eine Erscheinung hervor. Schnurrend schmiegt sie sich an die Beine, gar nicht wild, gar nicht tollwütig, wie die Friedhofsordnung glauben machen will. Rö-

mische Katzen sind nicht anhänglich – diese ist die Ausnahme. Wie die Obelisken und die Idee zum Pyramidengrab sind sie ein Mitbringsel aus Ägypten.

Der *cimitero* bei der Pyramide atmet den Charme des Verwitterten, Verfallenen, Ruinenhaften. Wer das nötige Geld hat, kann sich in dieser illustren Gesellschaft bestatten lassen. Käuflich sind Fristen von 25 bis 99 Jahren, wobei alle Zeiten theoretisch bis in alle Ewigkeit verlängert werden können. Das aber bedeutet, daß der historische Friedhof zum Sterben verurteilt ist.

Wer ihn vor zehn Jahren besuchte, findet heute einige Grabsteine nicht wieder. Sie wurden stillschweigend ausrangiert, um Neuankömmlingen Platz zu machen – wie es aussieht: Italiener. Wenn diese Entwicklung anhält, wird der einstige Ketzer-Friedhof, früher in der Hauptsache a-katholischen Ausländern vorbehalten, in hundert Jahren ein x-beliebiger römischer *cimitero* sein.

Auch auf den Kloster-Nekropolen wurde den Toten die Ruhe knapp bemessen, sie lagen nicht Jahrhunderte. Drei Jahre vielleicht, manchmal auch fünf. Was dann noch von ihnen übrig war, wanderte ins Ossarium. Der berühmteste Knochenkeller gehört den Kapuzinern der Kirche Santa Maria della Concezione an der Via Vittorio Veneto. Bevor die Mönche als Rosette die Wände zieren durften, wurden sie einige Jahre in die Klostererde gebettet. Keine gewöhnliche Krume übrigens. Sie soll eigens aus dem Heiligen Land importiert worden sein.

In fünf Kapellen drängen sich die Skelette von

über viertausend Menschen (sie waren 1631 in siebenundvierzig Wagenladungen aus der Gruft von Santissimi Croce e Bonaventura überführt worden), aber nicht – wie in Paris – zu Haufen geschichtet, auch nicht – wie in Palermo – auf Bügeln an die Wand gehängt. Ein Pater hat sich im 18. Jahrhundert die Mühe gemacht, Knochen und Knöchelchen zu Mustern zusammenzufügen. Er entwarf Friese aus Schulterblättern, Bordüren aus Rückenwirbeln, Medaillons aus Unterkieferknochen. Mit Rippen legte er kunstvolle Ornamente, die Lampen hängen an einer Kette aus Schenkelknochen unter der Decke.
In diesen Räumen ist der Tod zur Sehenswürdigkeit geworden. Eine Obszönität? Das kommt ganz darauf an, wie man zum Leben steht. Wer gelernt hat zu leben, wird auch das Sterben akzeptieren, ohne sich durch marmorschwere Gräber die Illusion von Ewigkeit verschaffen zu müssen. Und was mit seiner ehemaligen Körperlichkeit geschieht, dürfte ihm ziemlich gleichgültig sein. Angesichts des Platzmangels sollte man sich allerdings frühzeitig entscheiden.

XII.
Römische Straßen

Alle Straßen führen nach Rom

Eine Stadt ist wie ein lebendiger Organismus. Das urbanistische Vokabular erklärt denn auch Parkanlagen zur (grünen) Lunge, den Lebensmittelmarkt zum Bauch, das Zentrum zum Herzen und Straßen zu Arterien beziehungsweise zum Knochengerüst. Eine Stadt hat ein Gesicht, man kann ihren Puls fühlen, und natürlich kann sie auch sterben. Wird sie dem Erdboden gleichgemacht, entsteht an ihrer Stelle meist eine neue Stadt, die anders aussieht und anders heißt.

Rom hat seinen Namen nie verloren und sein Profil in großen Zügen über Jahrtausende bewahrt. So wurde es zur Ewigen Stadt. Ewig bedeutet natürlich nicht statisch. Die armselige Schäfersiedlung schwang sich in der Antike zum Caput mundi auf, Haupt der zivilisierten Welt, versank während des Mittelalters in Bedeutungslosigkeit, blühte in der Renaissance wieder auf, wurde dann geplündert und entwickelte sich im 19. Jahrhundert erneut zur Kapitale. All diese Verwandlungen prägten ihre Architektur und mehr noch die Topographie ihrer Straßen.

Welche ist die Nummer eins? Der Corso, einst Rennbahn für Kühe, Pferde, Esel, heute Flaniermeile der römischen Jugend? Oder die Via Giulia, von der es heißt, sie sei die schönste Gasse der Stadt? Die Via Vittorio Veneto, Ex-Boulevard der Dolce vita à la Fellini, ist es jedenfalls nicht mehr. Nur Touristen suchen hier noch, was die Römer längst anderswo finden.

Zum Beispiel in der Via Condotti. Denn eine Straße ist so exklusiv wie ihre Läden. Bei Valentino, Gucci und Ferragamo tätigen die Reichen ihre Einkäufe, weniger Bemittelte stellen sich im Antico Caffè Greco für einen Cappuccino an oder genießen den hinreißenden Blick auf die Spanische Treppe, das einzige, was es in der Via Condotti noch kostenlos gibt.

Die Geschichte Roms wird durch seine Straßen geschrieben. In der Antike ist das fast wörtlich zu verstehen. Für die Römer der Cäsarenzeit war der Straßenbau das A und O ihrer Eroberungspolitik. Die Hauptverkehrswege des Imperiums wurden von Truppen angelegt und dienten ausschließlich militärischen Zwecken; erst später wurden sie zu Handelsstraßen. Jeder Legionär führte neben seinem Schwert noch Hacke und Schaufel im Gepäck, denn er mußte nicht nur kämpfen, sondern auch die Wildnis trassieren. Dokumentiert werden die verschiedenen Aufgabenbereiche in den Reliefs der Trajans-Säule.

Die Marschrouten erschlossen unbekannte Landstriche und erhielten ihren Namen in der Regel nach den Generälen, Konsuln oder Zensoren, die sie in Auftrag gaben. Die Via Cassia Antica führte durch das alte Etruskerterritorium bis über Pisa hinaus; die Via Aurelia entlang der Westküste bis nach Arles in Frankreich; die Via Flaminia, deren innerstädtischer Beginn

heute Via del Corso heißt, durchzog Italien in Richtung Rimini, wo sie in die Via Emilia überging.
Zur Zeit des Kaisers Diokletian soll es nicht weniger als dreihundertzweiundsiebzig Überlandstraßen gegeben haben. Die berühmteste, sozusagen die Autobahn der Antike, war zweifellos die Via Appia Antica. Durch Zensor Appius Claudius Caecus im Jahr 312 vor Christus begonnen, endete sie zunächst in Capua und wurde später bis Brindisi in Apulien verlängert, eine Strecke von über fünfhundert Kilometern! Ihre Fortsetzung jenseits der Adria, die Via Egnatia, führte bis nach Byzanz.
Der Dichter Publius Papinius Statius titulierte die Via Appia im 1. Jahrhundert als Königin der Straßen, tatsächlich war sie der erste gepflasterte Fernweg der Welt. Riesige, sorgfältig bearbeitete Basaltblöcke, die nach unten konisch zulaufen, wurden auf gut vorbereitetem Untergrund zu akkuratem Mosaik mit millimeterengen Fugen zusammengesetzt. Die Qualität dieser Steindecke garantierte eine Haltbarkeit, von der heutige Asphaltstrategen nicht zu träumen wagen. Noch dem Mittelalter dienten die Römerstraßen als Hauptverkehrswege, und wenn ihr Quadersortiment nicht zu wohlfeilen Steinbrüchen verkommen wäre, könnte man die antiken Highways heute noch befahren – fast zweitausend Jahre nach ihrer Erbauung.
Die Via Appia Antica, von Zypressen und Pinien gesäumt, mit monumentalen Grabmälern und verfallenen Aquädukten am Horizont, gehört zum touristischen Pflichtprogramm. Landschaftlich sieht es hier stellenweise immer noch so aus wie auf den Gemälden

der romantischen Maler des 19. Jahrhunderts – römische Campagna pur. Wer sich allerdings aufmacht, das arkadische Idyll vor den Toren der Stadt zu Fuß zu erreichen, wird – vom Verkehr entnervt – schon bei der Porta San Sebastiano aufgeben.
Empfehlenswerter ist eine motorisierte Exkursion. Das Vergnügen, sein Auto über original römisches Pflaster zu lenken, sollte man sich aus Rücksicht auf die Bandscheiben jedoch nur mit neuen Stoßdämpfern leisten. Viel ist leider von den schwarzen Basaltquadern (hier und da zeugen noch Fahrrillen vom regen Verkehr der Antike) nicht mehr zu sehen. Bis auf kurze Streckenabschnitte wurde die Appia Antica inzwischen mit Asphalt zugekleistert.
Nicht das Kolosseum repräsentiert die Macht und Größe des Römischen Imperiums, sondern die Konsularstraßen! Ein feingesponnenes Netz von über hundertundzwanzigtausend Kilometern, das sich durch ganz Europa bis nach Afrika und Asien zog und über dessen Funktionsfähigkeit eigens bestallte Straßenkuratoren wachten.
Seine legendäre Mitte war das Milliarium aureum, der Goldene Meilenstein. Kaiser Augustus ließ ihn im Jahr 20 vor Christus auf dem Forum Romanum an bedeutsamer Stelle installieren, um den Bürgern die geographische Ausdehnung des Reiches vor Augen zu führen, nahe dem rätselhaften Heiligtum Lapis niger, legendäres Grab des Stadtgründers Romulus und Umbilicus urbis, symbolischer Nabel der Stadt, des Römischen Imperiums und damit der Welt.
Die mit Goldbronze verkleidete Marmorsäule gab in

Meilen die Entfernungen zu den wichtigsten Städten an und galt als idealer Schnittpunkt aller Hauptstraßen der Antike. Denn es führen nicht nur alle Wege nach Rom, es gingen auch alle Straßen von Rom aus. Noch der entfernteste Bewohner des Riesenreiches konnte sich durch die gepflasterten Überlandrouten mit der Kapitale verbunden fühlen.

Ein mit Blüten und Blättern verziertes Fragment des Meilensteins Null, dessen Fundament 1959 ausgegraben wurde, blieb erhalten. Im Schatten des Saturntempels auf dem Forum Romanum liegt es heute ganz in der Nähe des ursprünglichen Standortes.

So vorbildlich die Fernstraßen waren, so improvisiert, willkürlich und ohne jede Systematik präsentierten sich im antiken Rom die innerstädtischen Gassen. Anfangs waren sie nichts weiter als der zufällig frei gelassene Raum zwischen Häusern und Heiligtümern, ungepflastert, unbeleuchtet und natürlich namen- und nummernlos, eine antike Kasbah. Im Winter verwandelte der Regen die festgetretene Erde in knöcheltiefe Schlammsümpfe, im Sommer pulverisierte die Sonne sie zu gewaltigen Staubwolken. Die fahrenden Verkehrsteilnehmer waren Weltmeister im Manövrieren der Fahrzeuge (eine Fähigkeit, die ihre römischen Nachfahren noch heute beherrschen), denn die Wege boten gerade Platz für zwei Karren nebeneinander; und die Passanten perfektionierten sich notgedrungen im Zur-Seite-Springen.

Eine Ausnahme bildete die Via Sacra, die heute der Länge nach das Forum Romanum durchzieht. Vom Kolosseum unter Triumphbögen hindurch bis zum

Kapitol führend, gehörte sie zu den wenigen gepflasterten Straßen Roms, diente vor allem der Repräsentation und war von marmorstarrenden Tempeln, prächtigen Ehrensäulen und sonstiger Staatsarchitektur gesäumt. Auf dem Weg zum Kapitolinischen Jupitertempel inszenierten die Feldherren hier das pompöse Finale ihrer legendären Triumphzüge nach siegreicher Schlacht.

Im Mittelalter änderte sich nichts an dem unzulänglichen Zustand des innerstädtischen Wegenetzes. Es blieb eine willkürliche Anhäufung krummer, ungepflasterter, schmutziger Gassen und Gäßchen, eingeengt von Balkonen und Häuservorbauten, so daß zwei Reiter oft nicht aneinander vorbeikamen. Erst die Renaissance-Päpste mit ihrer Schwäche für urbanistische Projekte schufen Raum.

Martin V. erneuerte Anfang des 15. Jahrhunderts das Amt der Straßenaufseher und befahl, die Straßen wieder begehbar zu machen. Rom war zu der Zeit entschieden heruntergekommen, doch von nun an ging es mit der Stadtplanung bergauf. Die Ausrufung eines heiligen Jahres (seit dem ersten im Jahr 1300 zunächst alle fünfzig, dann alle dreiunddreißig, schließlich alle fünfundzwanzig Jahre, um auch ja allen Gläubigen den Generalablaß zu sichern) lieferte Gelegenheit, Roms Straßengewirr zu erweitern, zu begradigen oder sonstwie zu modifizieren.

Für das Jubeljahr 1475 ließ Papst Sixtus IV. den Weg von der Engelsburg zum Vatikan pflastern sowie viele Gassen verbreitern und mit Quadersteinen belegen. Ein Zeitgenosse berichtet: »Überall in der Stadt wird so viel gebaut, daß sie in kurzem eine ganz neue Gestalt gewinnen muß.«

Julius II. verewigte sich durch die nach ihm benannte Via Giulia parallel zum Tiber, die erste regelmäßig angelegte Renaissance-Straße der Stadt, ein geradezu avantgardistisches Projekt nach Plänen Meister Bramantes. Sie war die breiteste Verkehrsschneise überhaupt, zudem tausend schnurgerade Meter lang, was im verwinkelten Rom des 16. Jahrhunderts schon eine mittlere Sensation darstellte.

Eine im Jahr 1512 gestiftete Marmortafel (heute am Haus Nummer 29-30 der Via del Banco di Santo Spirito) huldigt dem Papst als Straßenschöpfer: »Zu Ehren des Papstes Julius II., weil er nach Erweiterung des Machtgebietes der heiligen römischen Kirche und nach Befreiung Italiens die Stadt Rom, die mehr einer eroberten als einer eingeteilten glich, durch Absteckung und Eröffnung von Straßen, wie es der Majestät ihres Weltreiches entsprach, geschmückt hat.«

Im heiligen Jahr 1575 korrigierte und sanierte Gregor XIII. das Gassennetz erneut und erschloß den Pincio-Hügel durch einen befahrbaren Weg, die Via Gregoriana.

Was die anderen Päpste begonnen hatten, vollendete schließlich Sixtus V., der Straßenpapst schlechthin. Ihm verdankt die Stadt über ganze Viertel hinweg ihr heutiges Erscheinungsbild. In kühnem Zug ließ er durch seinen Chefarchitekten Domenico Fontana die Hügel mit streng geradlinigen Achsen überbauen und die Plätze mit Obelisken als Kardinalpunkte markieren. Er wollte nichts weniger als die wichtigen Pilger-

kirchen durch weitsichtige Prospekte miteinander verbinden.
Wie mit dem Lineal gezogen erscheint die Trasse, die vom Esquilin über den Quirinal bis zum Pincio führt und heute im letzten Abschnitt den Namen des päpstlichen Bauherrn trägt. Läge kein Hügel dazwischen, könnte man vom Obelisken am Ende der Via Sistina bis zum Obelisken vor der Kirche Santa Maria Maggiore blicken, immerhin eine Entfernung von gut eineinhalb Kilometern mitten durch das Gassenlabyrinth der Innenstadt.
Was heute wie eine Bresche durch dichtbesiedelte Stadtviertel wirkt, war in Wirklichkeit die Urbanisierung eines wüsten, seit der Antike nicht mehr bewohnten Niemandslandes. Diese *disabitato* genannten Gebiete, die im Mittelalter große Teile Roms umfaßten, lagen entweder brach oder wurden landwirtschaftlich genutzt. Ortsbezeichnungen wie Via delle Fratte (Straße des Gestrüpps) oder Via Capo le Case (Straße am Ende der Häuser) lassen ahnen, wie es hier zu Sixtus' V. Zeiten ausgesehen hat.
Bis ins 16. Jahrhundert bestand das Areal am Pincio-Hügel – heute eines der belebtesten Viertel der Stadt – aus Äckern und Weinbergen. Bauwillige Bürger wurden damals mit Steuervergünstigungen angeworben, sich hier niederzulassen. Einer der ersten war der Maler Federico Zuccari. Er baute sich auf dem Gipfel der Straße im spitzen Winkel zur Via Gregoriana einen Palast, dessen architektonische Merkwürdigkeit die Zeitgenossen bestaunten. Heute ist das Gebäude mit dem kuriosen Monsterportal Sitz der

Bibliotheca Hertziana, des Max-Planck-Instituts für Kunstgeschichte.

Wo heute die Spanische Treppe aufsteigt, zog sich noch im 17. Jahrhundert eine Ulmenallee den Hang hinauf. Erhalten hat sich eine Verordnung der *maestri delle strade* aus dem Jahr 1664, nach der zwischen den Bäumen keine Schafe geweidet, keine Wäsche aufgehängt und kein Müll abgeladen werden durfte.

Es gehörte zu den Zielen päpstlicher Bau- und Besiedlungspolitik, den *disabitato* nach und nach in die bewohnten Bezirke, den *abitato*, zu integrieren. Das galt insbesondere für das Niemandsland um die Basilika San Giovanni in Laterano; schließlich konnte man es den Gläubigen nicht zumuten, sich durch die Wildnis zu kämpfen, nur um zur Messe zu gehen. Als vorstädtischen Außenposten kam isoliert stehenden Kirchen und Klöstern eine urbanistische Magnetfunktion zu. Sie wurden zu Bezugspunkten neuer Siedlungen.

Sixtus' V. ambitiöses Projekt blieb unvollendet. Das letzte Teilstück seiner Achse, die von Santa Maria Maggiore bis zur Piazza del Popolo reichen sollte, wo er ungeduldig schon einen Obelisken hatte aufstellen lassen, existiert nur auf dem Papier oder, besser gesagt, im Bild: Ein Fresko im Salone Sistino der Vatikanischen Bibliothek zeigt aus der Vogelperspektive die Ewige Stadt nach seinen Plänen, ein geometrisches Muster neuer Expansionslinien.

Straßennetze, so Roms unvergessener Biograph Richard Krautheimer, sind konservativ. Wohl haben sich in der Abfolge der Jahrhunderte die Häuser in

Höhe und Tiefe verändert, die Verkehrsadern aber bewahrten den Verlauf und häufig sogar die Breite ihrer mittelalterlichen Vorgänger. Manchmal zeichnen sie sogar noch den Grundriß antiker Bauwerke nach, so die Via di Grotta Pinta das Pompeius-Theater, die Piazza della Repubblica die Exedra der Diokletians-Thermen oder die Piazza Navona das Stadion des Domitian.

Mitte des 18. Jahrhunderts teilte man die inzwischen vierhundertneunundachtzig Straßen und Sträßchen des römischen Territoriums in *rioni* (Stadtbezirke) ein und stellte Anfang des 19. Jahrhunderts ein präzises Verzeichnis auf, dessen Namen und Nummern mit schwarzer Farbe auf die Häuserwände geschrieben wurden.

Nach 1870 wurde das Gesicht Roms abermals durch energische Bauprojekte geliftet, gegen die sich die päpstlichen Durchbrüche bescheiden ausnehmen. Das große Dorf war inzwischen zur Hauptstadt des neuen italienischen Staates avanciert und suchte ein dieser Rolle angemessenes Outfit.

Platzbreite Straßen sowie eine neue Namengebung revolutionierten den Stadtplan erneut. Nummer eins wurde jetzt vorübergehend die Via Nazionale, für deren Bau Senken aufgefüllt und Hügelhänge abgetragen werden mußten. Trotz dieser Radikalität fiel das Verbindungsstück zur Piazza Venezia eher dürftig aus. Bevor die neue Achse nämlich vierspurig und schnurgerade nationales Selbstbewußtsein demonstrieren kann, windet sich ihr Zubringer in zwei abenteuerlichen Neunzig-Grad-Kurven den Berg hinauf.

Der Versuch, die Hauptschlagader der Gründerzeit zu einer fußgängerfreundlichen Promenade zu machen, schlug bisher fehl. Theoretisch ist der Autoverkehr im ganzen *centro storico* seit Ende der achtziger Jahre streng limitiert; auch in der Via Nazionale dürfen offiziell neben Bussen, Taxen und Polizeiwagen nur noch Fahrzeuge mit Passierschein fahren. Praktisch ist sie jedoch noch immer mit Autos überlastet. Der grüne Bürgermeister der neunziger Jahre, Francesco Rutelli, versuchte ihr Image aufzumöbeln, indem er Sitzbänke und Baumkübel auf die Bürgersteige pflanzen ließ. Doch sehr fußgängerfreundlich sieht es hier immer noch nicht aus.

Dem Verkehr zum Trotz erkundet man das *centro storico* am besten zu Fuß, kreuz und quer, ziel- und zeitlos. Das ist zwar nicht die schnellste, aber die unmittelbarste Art, sich Roms Topographie geläufig zu machen.

Nahezu gleichzeitig mit der Via Nazionale wurde der Corso Vittorio Emanuele II. durch das mittelalterliche Gassengewirr am Tiberknie getrieben. Im Unterschied zu anderen Zufahrtsschneisen des neuen Roms, die fast alle den Verkehr sternförmig in die Stadtmitte kanalisieren, macht er einen respektvollen Bogen um Kirchen und Paläste, eine Schonung, die sonst nicht Sache römischer Straßenplaner war.

Die Renaissance-Päpste ließen abreißen, was die römischen Kaiser gebaut hatten (zum Beispiel die Triumphbögen an der Via del Corso, um den Verkehr zu erleichtern). Und der Bau-Boom nach 1870 walzte den herrlichen Park der Villa Ludovisi platt, damit die

Via Vittorio Veneto und das Viertel ringsum angelegt werden konnten.
Nicht alle Ideen der Gründerzeitingenieure kamen indes zur Ausführung. Eine schnurgerade, portikusartige Verkehrsverbindung von der Peterskirche zur Basilika Santa Maria Maggiore wurde der Ewigen Stadt erspart. Herzlichen Dank.
Wo Straßen entstehen, verschwinden Häuser – und in Rom auch schon mal ein ganzes Wohnviertel. Den letzten rigorosen Kahlschlag erfuhr die Stadt zur Zeit des Faschismus. Nach Imperatoren, Päpsten und Königen nahm sich nun der Diktator der römischen Topographie an. 1929 wurden die Lateranverträge unterzeichnet und das Zerwürfnis zwischen italienischem Staat und katholischer Kirche beigelegt.
Steingewordenes Zeichen dieser Versöhnung ist die in den fünfziger Jahren fertiggestellte Via della Conciliazione, eine faschistoide Prunk-Avenue hin zur Peterskirche, für deren Bau man das halbe Borgo-Viertel samt seinen Kirchen demolierte. Die Idee zu diesem radikalen Eingriff ist allerdings schon vor dreihundert Jahre formuliert worden. Man wollte schon damals Michelangelos Kuppel, die durch die überbreite Kirchenfassade in ihrer Wirkung beeinträchtigt wird, optisch zu Hilfe kommen.
Natürlich träumte Mussolini auch von einer imperialistischen Triumphallee als Pendant zur antiken Via Sacra, aber selbstredend monumentaler: »In fünf Jahren muß Rom allen Völkern der Welt wie ein Wunder erscheinen: groß, geordnet, mächtig wie zur Zeit des Augustus«, drängte er seine Stadtplaner. Das Ko-

losseum hatte ein Kaiser gebaut, den Vaterlandsaltar ein König, und die beide verbindende Straße, achthundertfünfzig Meter lang, würde der Duce dem römischen Volk schenken.

Zunächst standen da noch ein paar Dutzend Häuser im Weg, für die Propagandastrategen des Faschismus war das jedoch kein Problem. Das Unternehmen wurde als archäologische Ausgrabung deklariert und der Abriß des Viertels somit gerechtfertigt.

Die Kaiserforen schaufelten sie tatsächlich frei – um sie sofort wieder unterm Pflaster verschwinden zu lassen. Und weil die Straßenbauer schon mal dabei waren, die Verkehrsführung gründlich zu begradigen, eliminierten sie gleich auch noch eine berühmte antike Kuriosität, den zu der Zeit noch mehrere Meter hohen Brunnenkegel der Meta sudante.

Via dell' Impero taufte der Duce seinen im Jahr 1932 eingeweihten sechsspurigen Parade-Boulevard mitten durch das Herz des historischen Rom. Via dei Fori Imperiali heißt er heute, wohl, weil sein Asphalt achtzig Prozent der Kaiserforen begräbt.

Bis vor einigen Jahren donnerten stündlich viertausend Autos über diese dreißig Meter breite Innenstadtautobahn, protegiert von Santa Francesca Romana, der Schutzheiligen der Automobilisten, die ausgerechnet hier ihre Grabkirche hat und die Anbefohlenen alljährlich am 9. März segnet.

Mittlerweile ist die Via dei Fori Imperiali verkehrsberuhigt, aber eben immer noch da. Seit Jahrzehnten zanken sich die Römer über ihre Demolition. Sämtliche Fristen für die Realisierung eines archäologischen

Parks, der sich von den Foren über den Circus maximus und die Caracalla-Thermen bis zur Via Appia Antica erstrecken soll, sind bis jetzt geplatzt. Doch ist diese Utopie niemals ganz aus den Köpfen der Stadtplaner verschwunden. Nach Inkrafttreten des Dekretes »Roma Capitale« im Jahr 1990 durften die Archäologen sogar wieder graben, bis jetzt allerdings nur am Rande der Straße.

Anno 2000 ist es wieder soweit! Noch immer wirkt die Ausrufung eines heiligen Jahres als Katalysator für urbanistische Pläne. Die Entlastung des innerstädtischen Straßennetzes gilt inzwischen als vorrangig. Der Verkehr wird nicht mehr ins *centro storico* geleitet, sondern nach Möglichkeit peripher außen herum. Eine Verlängerung der Schnellstraße Tangenziale Est, eine Spurerweiterung des Grande Raccordo Anulare, eine Verdoppelung der Autobahn nach Fiumicino, ein Straßentunnel unter der Engelsburg und last, not least die Ausweitung des *Metropolitana*-Netzes bis an die Grenzen des Vatikans – die Liste ist lang, doch die Zeit kurz.

Zu kurz. Das hat inzwischen sogar der Bürgermeister eingesehen. Unter dem Beifall der Grünen entließ er 1996 die Realisierung der fünf großen Projekte aus dem Zugzwang des Jubiläums. Schließlich bauen die Römer seit über zweieinhalb Jahrtausenden an ihrem Straßennetz, auf ein paar Jahrzehnte mehr oder weniger kommt es da nicht an.

Anhang

Ausgewählte Literatur

Batta, Ernst: Obelisken. Frankfurt am Main 1986

Bergengruen, Werner: Römisches Erinnerungsbuch. Freiburg u. a. 1976

Buchner, Edmund: Die Sonnenuhr des Augustus. Mainz 1982

Buchowiecki, Walther/Kuhn-Forte, Brigitte: Handbuch der Kirchen Roms. 4 Bände. Wien 1997

Cattabiani, Alfredo/Cepeda Fuentes, Marina: Bestiario di Roma. Rom 1986

Coarelli, Filippo: Roma. Mailand 1997

Delli, Sergio: Le strade di Roma. Rom 1993

D'Onofrio, Cesare: Le fontane di Roma. Rom 1986

D'Onofrio, Cesare: Un popolo di statue racconta. Rom 1990

D'Onofrio, Cesare: Scalinate di Roma. Rom 1974

D'Onofrio, Cesare: Gli obelischi di Roma. Rom 1992

Fontana, Domenico: Die Art, wie der Vatikanische Obelisk transportiert wurde. Rom 1590. Teilreprint, Übersetzung, Kommentare. 2 Bände. Berlin 1987

Frontinus, Sextus Iulius: Wasserversorgung im antiken Rom. München u. a. 1983

Gigliotti, Vittorio: Moschea e Centro Islamico Culturale a Roma. In: Terzoocchio. Anno XV. No. 4 (53). Bologna 1989

Gregorovius, Ferdinand: Römische Tagebücher 1852-1889. München 1991
Grimm, Gunter E./Breymayer, Ursula/Erhart, Walter: »Ein Gefühl von freierem Leben« – Deutsche Dichter in Italien. Stuttgart 1990
Henze, Anton u. a.: Reclams Kunstführer Italien V: Rom und Latium. Kunstdenkmäler und Museen. Stuttgart 1981
Kaschnitz, Marie-Luise: Engelsbrücke. Römische Betrachtungen. München 1995
Krautheimer, Richard: Rom: Schicksal einer Stadt, 312-1308. München 1996
Lotz, Wolfgang: Die Spanische Treppe. Architektur als Mittel der Diplomatie. In: Römisches Jahrbuch für Kunstgeschichte. Band 12. Tübingen 1969
Lucentini, Mauro: Rom: Wege in die Stadt. Augsburg 1995
Malizia, Giuliano: Le statue di Roma. Rom 1990
Morton, Henry V.: Rom. Wanderungen durch Vergangenheit und Gegenwart. München 1982
Morton, Henry V.: Die Brunnen von Rom. München 1982
Poeschel, Sabine/Jansen, Dieter: Rom. München 1996
Raffalt, Reinhard: Leben mit Rom. 5 Bände. München 1996
Redig de Campos, Deoclecio: Restauro della Pietà di San Pietro. In: Strenna dei Romanisti. Rom 1973
Rock, Otto Ernst (Hrsg.): Die Wahrheiten des G. G. Belli. Frankfurt am Main 1984
Rosendorfer, Herbert: Rom – Eine Einladung. Köln 1990

Stützer, Herbert Alexander: Das antike Rom. Köln 1983
Stützer, Herbert Alexander: Frühchristliche Kunst in Rom. Köln 1991
Touring Club Italiano (Hrsg.): Roma. Mailand 1993
Villa, Carlo: Le strade consolari di Roma. Rom 1995
Waiblinger, Franz Peter (Hrsg.): Reise Textbuch Rom. München 1986
Winner, Matthias: Raffael malt einen Elefanten. In: Mitteilungen des Kunsthistorischen Instituts in Florenz. Band 11. Heft I-IV. Berlin 1963-1965
Wittkower, Rudolf: Grundlagen der Architektur im Zeitalter des Humanismus. München 1990
Worbs, Michael (Hrsg.): Rom. Ein Städtelesebuch. Frankfurt am Main 1986
Yourcenar, Marguerite: Ich zähmte die Wölfin. Die Erinnerungen des Kaisers Hadrian. München 1996

Verzeichnis römischer Stätten

Über die Autorin

Irmgard Palladino, geboren 1955 in Herford, studierte in Frankfurt am Main und Paris Germanistik, Romanistik und Philosophie. Seit 1982 publiziert sie regelmäßig in der *Frankfurter Allgemeinen Zeitung* und hat einen Städteführer über Lyon veröffentlicht. Irmgard Palladino lebt seit 1984 in Rom und arbeitet dort bei der Bibliotheca Hertziana.

Die zwölf ausgewählten Texte sind im Laufe der letzten zwölf Jahre im Reiseblatt der *Frankfurter Allgemeinen Zeitung* veröffentlicht und für diesen Band erweitert und überarbeitet worden.